„Es gibt nur ein Vergnügen, das größer ist
als die Freude gut zu essen,
das Vergnügen gut zu kochen ...“

Günter Grass

Die besten Rezepte aus Brandenburg

gesammelt, ausprobiert und aufgeschrieben
von Torsten Kleinschmidt

Titelfoto oben: Schloss Rheinsberg am Grienericksee
Foto S. 2: Traditioneller Maibaum mit den sorbischen Farben Blau – Rot – Weiß, Tauer, Landkreis Spree-Neiße

ISBN 978-3-89798-576-6

Covergestaltung und Layout: Uta Wolf, Quedlinburg
Fotos: Bernd Gellert (S. 4, 12 unten, 90), Torsten Kleinschmidt (Titel unten, S. 2, 4, 5, 7, 9, 11, 12 oben, 22 oben, 34 oben, 35, 40, 45, 46, 56, 67, 69 rechts, 76 oben, 77, 88 oben), Mario Radoi (S. 60), Ralf Roletschek (S.33), Uta Wolf (Karte S. 8), Colourbox.de (S. 4, 5, 16,19, 20, 22 unten, 25, 27 links, 20, 34 unten, 36, 38, 41, 44, 47, 49, 52, 62, 63, 66 unten, 69 links, 72, 73, 74, 75, 76 unten, 78, 82, 83, 84, 85, 88 unten, 91, 93, 94, 95), Fotolia.com (ExQuisine: S. 58), Karpe-commonswiki (CC BY 2.5: S. 52), Pixabay.com (Titel oben, S. 5, 14, 64, 66 oben, 83)
Druck und Bindung: Livonia Print, SIA

Printed in Latvia

www.buchverlag-fuer-die-frau.de

Der Großteil der Rezepte ist für vier Personen berechnet. *Alle Rezepte und Tipps sind mit Sorgfalt ausgewählt und geprüft. Eine Haftung des Verlages und seiner Beauftragten für alle erdenklichen Schäden an Personen, Sach- und Vermögensgegenständen ist ausgeschlossen.*

Inhalt

Brandenburg, so schön vielfältig

„Ich bin die Mark durchzogen und habe sie reicher gefunden, als ich zu hoffen gewagt hatte.“
Theodor Fontane

Gibt es die brandenburgische Küche? Den meisten Menschen hier in Brandenburg fällt zunächst nichts oder wenig dazu ein. Auch ich werde immer wieder gefragt: „Was ist typisch brandenburgische Küche?“
Brandenburgische Küche ist auf besondere Art einzigartig, oftmals ungewöhnlich, vielfach überraschend und dabei oft unbekannt. Das hat seinen Grund. Es gibt kein typisches brandenburgisches Gericht, das für das ganze Land steht. Brandenburgische Küche ist vor allem die Vielfalt in den Regionen. Eine Vielfalt so unterschiedlich wie das Land. Der Norden ist geprägt durch die Mecklenburgische Nachbarschaft und das pommersche Erbe, der Westen von flämischen und sächsischen Einflüssen. Der Osten hat osteuropäisches Flair und der Süden wird durch das Sorbische, Sächsische und Böhmische dominiert. Die Großstadt Berlin liegt mittendrin. Eine besondere Konstellation. Brandenburg war auch immer der Gemüsegarten und zugleich das Ausflugsziel der Berliner. Brandenburger Küche ist sozusagen ein wunderbares „Kuddelmuddel“ der Kulturen.

Die regionale brandenburgische Küche hat noch immer etwas von einem Geheimtipp, von Insiderwissen über lokale Besonderheiten, die erst nach und nach auch der Öffentlichkeit z. B. bei Dorffesten oder auf den Speisekarten von engagierten Restaurants einer größeren Öffentlichkeit bekannt gemacht werden.

Als Gastgeber ist der Brandenburger in Bezug zu seiner Küche in der Regel eher zurückhaltend, er macht wenig „Brimborium“ um seine Heimatküche. Wenn es schmeckt dann heißt es: „Nicht schlecht“ und sollte er sagen „Da kann‘ste nicht me-

ckern", ist dies das größte Lob, das er geben kann. Die Begeisterung und Freude über seine Heimatküche geschieht eher im Kleinen, meist im lokalen Umfeld oder im familiären Kreis.

Das Gründungsdatum der historischen Mark Brandenburg liegt im Jahr 1157, als der Askanier Albrecht der Bär das Gebiet eroberte und zum Bestandteil des Heiligen Römischen Reiches machte. Die Landesfarben – Rot und Weiß – sowie der rote märkische Adler auf weißem Grund als Landeswappen, erinnern noch heute an diese Zeit.

Von 1415 bis 1918 unterstand die Region dem Fürstengeschlecht der Hohenzollern. Von 1701 bis 1946 teilte die Mark Brandenburg die Geschichte des preußischen Gesamtstaates als dessen Kernland. Die preußische Provinz Brandenburg wurde nach dem Kriegsende zum Land Brandenburg. In der DDR wurde die Region in drei Bezirke geteilt. 1990 wurde das Land Brandenburg wiedergegründet. Brandenburg war mit seiner geopolitischen Zentrallage zu allen Zeiten in der Geschichte eine Region zwischen Ost und West, Durchzugsgebiet und Ziel unterschiedlicher Migrationsbewegungen.

Das Land war Kreuzungspunkt verschiedener Kulturen und Ethnien im Herzen Europas, das im Laufe seiner Geschichte neben den ursprünglich dort siedelnden slawischen sowie den später hinzugekommenen germanischen Bewohnern oft auch Zuwanderern anderer Herkunft „eine neue Heimat" bot. Da gab es im 17. und 18. Jahrhundert Glaubensflüchtlinge wie die französischen Hugenotten, Salzburger Protes-

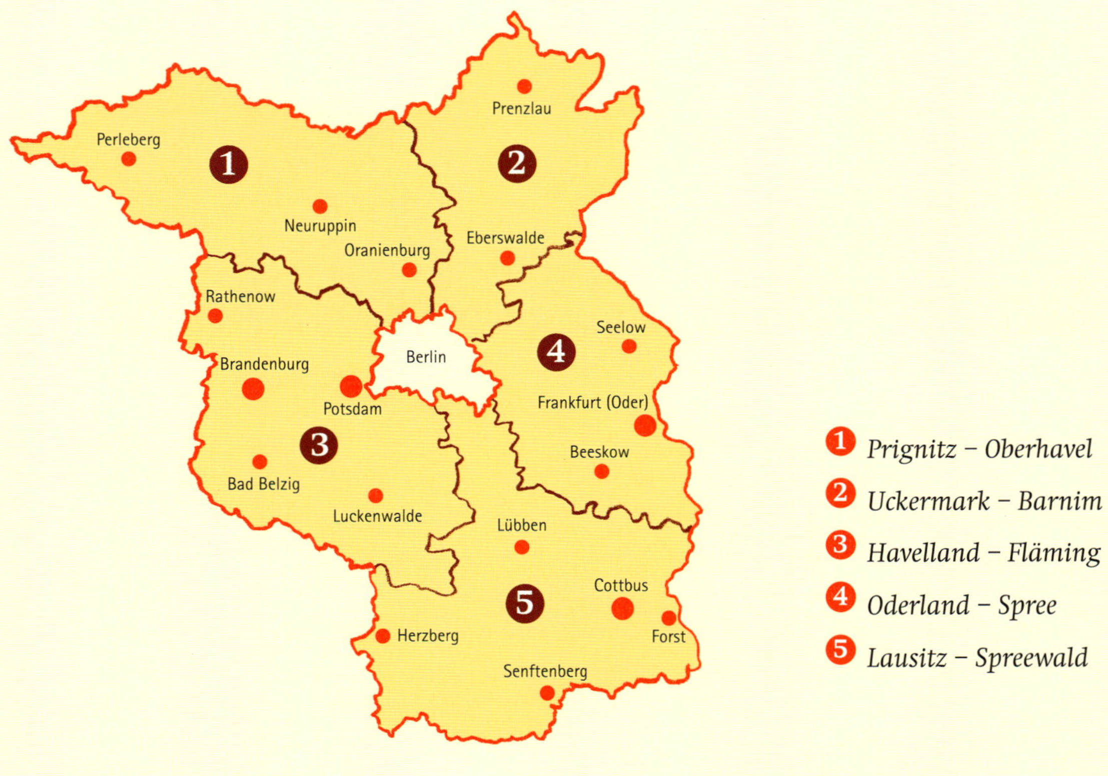

tanten oder Böhmische Brüder bis hin zu den aus zahlreichen Ländern stammenden „Gastarbeitern" und Zuflucht Suchende in unserer Zeit.

Aus welchem Grund und woher auch immer sich Menschen in Bewegung setzten, sie brachten neben ihrer Sprache auch Rituale und Esskulturen mit. Diese finden sich bis heute nicht nur kulinarisch, sondern auch literarisch und umgangssprachlich in der Region. Heimatverbundenheit hat somit auch historische Bezüge. Brandenburg ist im Laufe seiner wechselhaften Geschichte ein Schmelztiegel der Volksstämme und ihrer Bräuche und Geschmäcker geworden.

Pfarrkirche zum Heiligen Kreuz, Kloster Neuzelle

Das prägt die Mentalität der Menschen in diesem Land, ganz gleich, ob ihre Vorfahren slawischer, baltischer, polnischer, französischer, italienischer, flämischer oder skandinavischer Herkunft und unterschiedlichen Glaubens waren. Dieser „Mischmasch" findet sich auch in der brandenburgischen Küche wieder, die zeigt, wie viel sie von den Zuzüglern profitiert hat.

Traditionell ist es eine schlichte, rustikale Küche, die mehr Wert auf deftigen Geschmack und Sättigung als auf Verfeinerung legt. Die preußisch-protestantischen Brandenburger integrierten diese Einflüsse durch Vereinfachung, aufwendige Zubereitungsformen sind ihnen fremd. Typische Zutaten sind Schweinefleisch und Geflügel, aber auch Fisch wie Karpfen, Aal und Hecht. Darüber hinaus gehören Kohl, verschiedene Hülsenfrüchte, Rüben, Gurken und Kartoffeln auf den Speiseplan.

Die Hugenotten brachten Blumenkohl, Spargel, grüne Erbsen, Bohnen und Blattsalat mit, z. B. auch das Teltower Rübchen. Im 18. Jahrhundert kam durch Friedrich II. der Kartoffelanbau hinzu. Zur Förderung der preußischen Salinen wurde der Salzverbrauch gefördert, dies führte zur Verbreitung von z. B. Salzgurken (Spreewälder Gurken) und Rollmops.

„Liebe geht durch den Magen!" sagt eine alte deutsche Volksweisheit und da ist sicherlich sehr viel dran. Wir können uns aber auch in eine Landschaft verlieben – in Seen, Wälder und Felder und einzigartige Landschaften, in alte Schlösser, Klöster und erhaltene Dorfkirchen, idyllische Kleinstädte und Dörfer. Und wenn diese herrliche Gegend dann auch noch kulinarische Leckerbissen in Hülle und Fülle zu bieten hat, lohnt es sich, sie zu entdecken. Brandenburg ist eine Reise wert – auf dem Teller und durch das Land. In kaum einer anderen europäischen Region haben so viele Völker ihre Spuren hinterlassen. Brandenburgs Küche ist Europa en miniature.

Viel Spaß beim Genießen, Probieren und Brandenburg neu „entdecken und erschmecken" wünscht Torsten Kleinschmidt

„Wi snacken up Platt" – *Wo man in Brandenburg Plattdüütsch snackt*

Das wichtigste vorneweg, Plattdeutsch ist kein Dialekt, sondern eine eigene Sprache. Die Regionalsprache wird in Prignitz und Uckermark, dem Oder- und Havelland und auch im Fläming gesprochen. Hier ist Platt die erste Fremdsprache.

Hier spricht der Brandenburger eine eigene Sprache, das Prignitzer-, Uckermärker-, Havelländer- und das Fläminger Platt", eine Variante des Niederdeutschen. Die Regionalsprache Niederdeutsch, im Volksmund ‘Platt‘ genannt ist keine Mundart des Hochdeutschen, sondern eine eigene westgermanische Sprache mit Verwandtschaft zum Friesischen und Englischen.

Das Niederdeutsche ist in Deutschland auf der Grundlage der Europäischen Charta der Regional- oder Minderheitensprachen anerkannt, und das Land Brandenburg hat sich auf der Grundlage des Artikels 7 der Charta zum Schutz und zur Pflege der Sprache verpflichtet. Zu den Charta-Sprachen in Deutschland zählen neben dem Niederdeutschen auch Nord- und Saterfriesisch,

Nieder- und Obersorbisch, Dänisch und Romanes. Im Land Brandenburg gibt es in der Prignitz, der Uckermark, im Fläming sowie im Oder- und Havelland niederdeutsche Mundartvereine. In Prenzlau gibt es die bundesweit ersten niederdeutschen Bahnhofsbeschilderungen. So steht neben Prenzlau auch Prentzlow auf dem Bahnhofschild.

Abendstimmung am Großen Müllroser See im Naturpark Schlaubetal

Wat bur ne kennt, dat frett he ni."
Backe, back den Kauken
dei Backer het jau roopen:
Wi willt mojen Kauken backen,
dortau nämt wi säben Saoken:
Eier un Schmolt,
Bottern un Solt,
Melk un Mähl,
Safran maokt den Kauken gäl.

„Was der Bauer nicht kennt das isst er nicht."
Backe, backe Kuchen,
der Bäcker hat gerufen:
Wer will schöne Kuchen backen,
der muß haben sieben Sachen:
Eier und Schmalz,
Butter und Salz,
Milch und Mehl,
Safran macht den Kuchen geel.

Prignitz & Oberhavel

Gefülltes Knusperschnitzel (Speisefoto)

4 Schweineschnitzel à 120 g
80 g Gouda in Scheiben
4 Scheiben Kochschinken
150 g Mehl
150 g Semmelbrösel
50 g Sonnenblumenkerne
20 g gehackte Haselnüsse
20 g Leinsamen
2 Eier, Rapsöl zum Braten

Schnitzel trocken tupfen und flachklopfen. Mit Salz und Pfeffer würzen. Gouda- und Schinkenscheiben auf die Schnitzel legen, diese umklappen. Sonnenblumenkerne grob kleinhacken mit Haselnüssen und Leinsamen vermischen. Eier verquirlen. Schnitzel nacheinander in Mehl, Ei und Semmelbrösel-Mischung wenden. Von jeder Seite ca. **3 bis 4 Minuten** im Rapsöl goldbraun knusprig braten.
Dazu schmecken Senf-Champignons (siehe Seite 53) und Kartoffelpüree.

Rehschnitzel in Knusper-Nuss-Kruste

8 Rehschnitzel, aus der Rehkeule geschnitten
Salz, Pfeffer, 4 EL Mehl
2 Eier, 50 g gehackte Mandeln
50 g gehackte Haselnüsse
50 g Sonnenblumenkerne
50 g Sesam
50 g Semmelbrösel
Rapsöl zum Braten

Die Rehschnitzel waschen, trocken tupfen, salzen und pfeffern. Die Schnitzel im Mehl wenden und durch die verquirlten Eier ziehen. Mit der Nuss-Kerne-Semmelbrösel-Mischung panieren. In der Pfanne goldbraun braten.

Dazu passen sehr gut Buttermilch-Stampfkartoffeln siehe Seite 75.

„Neunstärke“ oder Gründonnerstagssuppe

2 Zwiebeln

Öl zum Anbraten

1 Petersilienwurzel, alternativ Sellerieknolle

2 Möhren

1 Lauchstange

500 g mehlig kochende Kartoffeln

200 g Sauerrahm

2 Bd. Wildkräuter

Salz, Muskat, Pfeffer

Am Vortag:

Zwiebeln schälen und klein hacken, im Öl in einem großen Topf glasig dünsten. Währenddessen Gemüse putzen und klein geschnitten in den Suppentopf geben und ebenfalls andünsten, alles mit ca. 1 Liter Wasser bedecken, Salz dazugeben und **1 Stunde** leicht köcheln lassen.

Am Tag selbst:

Brühe durch ein Sieb geben und nochmals aufkochen lassen, Kartoffeln in der Zwischenzeit extra kochen, zerstampfen und in die Gemüsebrühe rühren. Sauerrahm dazugeben. Zuletzt die gewaschenen und gewiegten Wildkräuter unterziehen. Mit Muskat und Pfeffer abschmecken, nochmal heiß werden, aber nicht mehr kochen lassen. Mit frischen, gehackten Kräutern garniert servieren.

Die **Neunstärke**, eine kräftigende Suppe, war bei einfachen Leuten weitverbreitet und beliebt. Sie gehörte zum Frühjahr wie die leuchtenden Blüten von Löwenzahn und Gänseblümchen.
Die Suppe wurde traditionell an Gründonnerstag gegessen, am Ende der Fastenzeit. Zunächst wurde alles zusammengesucht, was Keller und Garten noch hergaben, die letzte Lauchstange, die verschrumpelten Rüben aus der Sandmiete, Kohl-Strünke, Zwiebeln und Petersilienstängel. Alles wurde zu einer würzigen Gemüsebrühe gekocht; am besten schon am Vortag, damit sie über Nacht durchziehen konnte. Dann ging es in die Natur, das frische Grün sammeln. Denn im Frühling brauchte man Vitamine und Mineralstoffe, weil der Körper nach dem Winter müde war. „Und Neun sollen es sein, denn Neun war eine heilige Zahl". Gesammelt wurden zum Beispiel Knoblauchrauke, Scharbockskraut, Brennnessel, Löwenzahn, Vogelmiere, Spitzwegerich und Gundermann, Giersch und Bärlauch.
Heute kauft man frische Kräuter auf dem Wochenmarkt, z. B. Petersilie, Sauerampfer und Kerbel.

„Plum und Klüten" – Pflaumensuppe mit Mehlklößchen

1 kg Pflaumen
4 EL Zucker

Für die Klüten (Teigklößchen):
75 g Mehl, 2 Eier
1 Prise Salz, 1 EL Zucker
etwas Milch

Die Pflaumen waschen, entsteinen und in einen großen Topf mit 1 Liter Wasser füllen. Zucker, je nach Geschmack und wie süß oder sauer die Pflaumen sind, dazugeben. Die Pflaumen so lange kochen, bis sie weich sind.
Inzwischen die Klüten anrühren. Dafür alle Zutaten zu einem festen Teig rühren. Soviel Milch zugeben, bis ein fester Teig entsteht. Wenn die Pflaumensuppe kocht und die Pflaumen weich sind, von dem Klüten-Teig mit einem Teelöffel kleine Portionen abstechen und in die Pflaumensuppe geben. Die Suppe noch einmal aufkochen lassen. Die Klüten vergrößern sich dann etwas. Die Suppe kann warm und kalt gegessen werden.

Knieperkohl die Leibspeise des Prignitzers

Einfache Gerichte sind oftmals aus der Not geboren. Beim Knieperkohl spielte der 30-jährige Krieg eine besondere Rolle. Knieperkohl, auch Sur'n Hansen genannt, ist ein dem Sauerkraut ähnliches Sauergemüse, eine Spezialität aus der Prignitz. Er besteht aus einer Mischung von Weißkohl, Grünkohl und dem eher als Tierfutter bekannten Markstammkohl sowie Kirsch- und Weinblättern. Diese winterliche Spezialität wird zunächst aufgekocht, dann ausgedrückt, gesalzen und in Schichten mit Wein- und Kirschblättern in einem Gefäß eingestampft und beschwert, sodass die Blätter nach einigen Wochen milchsauer vergoren sind. Danach werden sie in Gläsern eingekocht.

Ohne Beilagen ist Knieperkohl, genauso wie Sauerkraut, kalorienarm (etwa 19 kcal je 100 g).

Ein Kniepergericht ist aber alles andere als „mager". Denn die Hauptbestandteile sind Schmalz, Speck, Eisbein, Kohlwurst, Knacker, durchwachsenes Kasseler, Schweinebauch. Zu Großmutters Zeiten wurde er in eine Form gegeben und mit geräuchertem Schweinebauch bis zu drei Tagen in die Röhre des Kachelofens geschoben. Heute wird der Knieper auf dem Herd langsam gekocht.

Kniepérkohl mit Kasseler

3 Zwiebeln

100 g Schweineschmalz

1,5 kg Kniepérkohl

200 ml Gemüsebrühe

1 Lorbeerblatt, 4 Pimentkörner

Salz, Pfeffer, Zucker

500 g Kasselerkamm

Die Zwiebeln schälen, halbieren, in feine Scheiben schneiden und in einem Topf mit Schweineschmalz anschwitzen. Den Kniepérkohl zugeben und die Brühe angießen.
Mit Salz, Pfeffer, Lorbeer, Piment und Zucker würzen. Kasselerkamm dazugeben, einen Deckel auf den Topf setzen und bei geringer Hitze auf dem Herd ca. **1 Stunde** köcheln lassen. Dazu passen Salz- oder Pellkartoffeln.

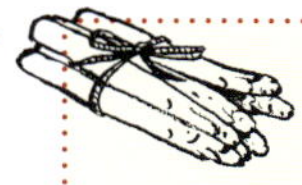

Der Kniepérkohl wird gerne auch mit Kassler, Eisbein, Lungwurst oder Speck gereicht.
In der Region ist der Kniepérkohl in zahlreichen Geschäften erhältlich. Auch viele Restaurants bieten diese Spezialität an. Einige Erzeuger haben sich auf den Versand spezialisiert.

Wittenberger Quarkkreppel

Für 10 Personen

500 g Quark

3 Eier, 100 g Butter

2 Pck. Backpulver

2 Pck. Vanillezucker

150 g Zucker, 400 g Mehl

Öl zum Frittieren

Alle Zutaten verrühren. Das Öl erhitzen und mit einem Holzstäbchen prüfen, ob Bläschen daran hochsteigen, dann ist die richtige Temperatur erreicht. Wenn das Öl heiß genug ist, mit einem Esslöffel immer 3 bis 4 kleine Klümpchen in das Fett geben. Nicht zu groß, denn die Kreppel gehen sehr auf! Wenn sie braun werden, herausnehmen, und in Zucker wälzen.

Steckrübenmus mit Lungenwurst

4 Lungenwürste

500 g Kasseler-Bauch

1 Steckrübe

500 g Kartoffeln

3 Möhren

1 TL Zucker

Salz, Pfeffer, Muskat

Senf, mittelscharf

Das Kasselerfleisch mit ca. 1 Liter Wasser in einem großen Topf **30 Minuten** köcheln lassen. Währenddessen die Steckrübe, Kartoffeln und Möhren schälen und in grobe Würfel schneiden. Gemüse mit Zucker zu dem Kasseler in den Topf geben. Nochmals **30 Minuten** zugedeckt kochen. Die entstandene Brühe von Fleisch und Gemüse zunächst abgießen, das Fleisch herausnehmen. Das Gemüse stampfen und dabei Brühe bis zur gewünschten Konsistenz wieder zufügen. Auch das fein gewürfelte Fleisch wieder zugeben. Mit Salz, Pfeffer und Muskat abschmecken. Die Lungenwürste in einem kleinen Topf in siedendem Wasser erhitzen. Das Steckrübenmus mit Lungwurst und Senf servieren.
Statt Kasseler-Bauch eignet sich auch Schweinebacke oder Kasseler-Nacken.

Lungenwurst auch als **Kohl-** oder **Lungwurst** bezeichnet, ist eine geräucherte Rohwurst mit sehr kräftigem Eigengeschmack. Sie besteht aus Schweinefleisch, Fett und Lunge und wird traditionell zu Kohlgerichten serviert, daher auch der häufig verwendete Name Kohlwurst.

Die Lungenwurst zählt im weitesten Sinn zu den Mettwürsten und gilt als Spezialität der schlesischen, nordwest- und nordostdeutschen Küche. Sie ist ein typisches Gericht der Prignitz.
Je nach Region und Hersteller gibt es kleine Varianten im Geschmack, die auf unterschiedliche Würzmischungen zurückzuführen sind. Typische Gewürze in der Lungenwurst sind Salz, Pfeffer, Thymian, Majoran und Piment. Außerdem wird die Wurstmasse noch mit Zwiebeln und Senfkörnern verfeinert.

Übrigens: Traditionell wird die Lungenwurst weder gebraten noch gekocht, sie wird lediglich in das bereits fertige Gemüse gelegt und dort erwärmt, bis sie gar ist.
Lungenwurst gibt es in der Region bei jedem Fleischer. Einige bieten auch einen Versand an.

Sauerbraten vom Wildschwein

Für 6 – 8 Personen

Vorbereitung 2 – 3 Tage

Kochzeit 2,5 h

- *2 kg Wildschweinkeule*
- *1 l Wildbrühe*
- *100 ml Weißweinessig*
- *200 ml Rotwein*
- *1 Zwiebel*
- *1 Knoblauchzehe*
- *2 Bd. Suppengrün*
- *1 EL Schweineschmalz*
- *2 EL Tomatenmark*
- *1 EL Speisestärke*
- *2 Lorbeerblätter*
- *5 Wacholderbeeren*
- *1 TL gestoßener Pfeffer*
- *3 Pimentkörner*
- *Salz, Pfeffer*

Das ausgelöste Wildschweinfleisch leicht entfetten und wenn notwendig von allen Sehnen befreien.
Für die Marinade Zwiebeln und Suppengrün putzen und in haselnussgroße Würfel schneiden. Die Hälfte davon mit dem geschälten, in Scheibchen geschnittenen Knoblauch, mit Wein, Essig und den Gewürzen aufkochen. Abgekühlt über das Fleisch gießen. Die Marinade muss das Fleisch vollständig bedecken. Das Ganze für **2 bis 3 Tage** kaltstellen, danach die Marinade durch ein Sieb gießen. Fleisch abtupfen und in Schmalz anbraten. Die übrige Hälfte Suppengrün und Zwiebelwürfel dazugeben und mit anbraten, Tomatenmark dazugeben und mit einem Teil der Marinade und dem Wildfond aufgießen. Aufkochen. Bedeckt für ca. **2,5 Stunden** in den auf **150 °C** vorgeheizten Ofen schieben. Den Fond durch ein feines Sieb gießen. Leicht mit Stärke binden und abschmecken.
Dazu schmecken Kartoffeln und Rotkohl.

Hirschgulasch mit Champignons

1,5 kg Hirschkeule, ausgelöst
6 Zwiebeln
1 Knoblauchzehe
Rapsöl zum Braten
1 EL Tomatenmark
1 Fl. Rotwein, trocken
2 TL Thymian
4 Wacholderbeeren
2 Pimentkörner
1 Lorbeerblatt
300 g frische Champignons
2 Möhren
Salz, Pfeffer

Das Fleisch waschen, trocknen und in Würfel schneiden. Die Zwiebeln pellen und ebenfalls in grobe Würfel schneiden. Knoblauch schälen und fein hacken. Das Fleisch im Öl scharf anbraten. Die Zwiebeln hineingeben und anbraten lassen. Das Tomatenmark hinzugeben, dunkel anrösten. Dann alles mit 1/4 des Weines ablöschen und einkochen lassen. Weitere 3-mal ablöschen und einkochen.

45 Minuten köcheln lassen, Gewürze zugeben. Die Champignons putzen und je nach Größe halbieren oder vierteln. Die Möhren schälen und in Würfel schneiden. Anschließend beides zum Gulasch geben. Weitere **45 Minuten** köcheln lassen, bis das Fleisch gar ist. Zwischendurch Flüssigkeitsstand überprüfen und bei Bedarf weiteren Wein, Brühe oder Wasser nachfüllen.

Mit Salz und Pfeffer abschmecken.

Fliederkreude – Heil und Würzmittel

Maggi von anno dazumal – aus Uromas Küchenklade ca. 1880

Eine beliebige Menge reife Holunderbeeren, in der Region auch Flederbeeren genannt.

Jahrhundertelang gab es **Holundermus** als Medizin, meist unter dem Namen *Rob Sambuci* in Apotheken zu kaufen. Rob ist eine alte arabische Bezeichnung für Dicksaft oder Mus. Vermutlich waren es die Hugenotten, die das Heilmittel als erste auch als Würzmittel verwendeten. Ähnlich dem italienischen Pesto verwendete man es zum Würzen von Saucen für typische Wild- und Fischgerichte. Entlang der Oder bis hin zur Ostseeküste ist das Holundermus als Fliederkreude, -krüde, -krüt oder Fleddermus bekannt.

Beispiel:

Drei 10-Liter-Eimer mit frisch gepflückten Beeren mit Stielen ergeben 10 Liter Saft, der nach dem Einkochen ca. 250 g Fliederkräude ergibt.

Fliederbeeren sammeln, aber nur ganz reife Beeren abschneiden. Keine grünen und keine hellroten, nur richtig schwarze Beeren verwenden. Die grünen und hellroten machen das Mus bitter und es fängt an zu schimmeln. Der Stängel der Beeren muss ebenfalls rot bis dunkelrot sein. Beeren vom Stängel trennen z. B. mit einem groben Kamm. Beeren gut waschen, da hier viele Kleintiere und trockene Blätter zu finden sind. Saft mit Hilfe einer Obstpresse oder mit einem Leinentuch auspressen. Dazu spannt man das Leinentuch über die vier Beine eines umgekippten Stuhles (festbinden) und kann den Brei mit der Hand ausdrücken. Den gewonnenen Saft in einen Topf geben. Um das Anbrennen zu verhindern, eine Untertasse mit der oberen Seite nach unten auf den Boden des Topfes legen. Den Saft zum Kochen bringen und bei mittlerer Hitze einkochen. Dies kann je nach Menge ca. **6 Stunden** dauern. Um eine gute Haltbarkeit zu erzielen, muss die Masse eine sehr feste Konsistenz haben. Die Fliederkreude ist über viele Jahre haltbar und gilt als Geheimzutat für zahlreiche Fischgerichte.

Uckermark & Barnim

Birnenklöße mit Walnuss-Mohnbutter

200 g Mehl
1 Ei
1 Prise Salz
1/2 TL Backpulver
4 Birnen
40 g Rauchspeck
2 TL Butter
4 TL Mohn
4 TL Walnüsse, gehackt

Für die Birnenklöße das Mehl mit dem Ei, Salz, Backpulver und 125 ml warmem Wasser zu einem nicht zu festen Teig vermischen. Die Birnen schälen, vierteln, entkernen und kleinschneiden. Den Speck kleinwürfelig schneiden und in 1 TL Butter ausbraten. Birnen und Speck unter den Teig rühren.
Vom Teig mit zwei feuchten Esslöffeln Nocken abstechen und in das Kochwasser gleiten lassen, die Knödelnocken sollen jetzt gar ziehen. Schwimmen sie oben, sind sie gar. Restliche Butter in einer Pfanne zerlassen und leicht bräunen lassen, gehackte Walnüsse, Mohn und die fertigen Birnenklöße darin kurz anschwenken und servieren.

Gebratene Maräne

1 kg frische kleine Maränen, küchenfertig
1 Zitrone, Salz, Pfeffer
100 g grobes Roggenmehl
Rapsöl zum Braten

Fische waschen und dann gut abtropfen lassen. Mit Salz und Pfeffer würzen. Zitrone auspressen und den Saft über die Maränen geben. Dann die Fische in dem Roggenmehl wälzen. Das Öl in einer Pfanne erhitzen und die Fische darin von beiden Seiten schön knusprig braten.
Dazu passt ein frischer Kartoffelsalat siehe Seite 72.

Wrucke – die Ananas des Nordens

Wrucke, das ist in Norddeutschland und Nordbrandenburg, so auch in der Uckermark die Bezeichnung für Steckrübe. In anderen Regionen wird sie auch als Kohlrübe, Butterrübe, Erdkohlrabi, Unterkohlrabi, Bodenkohlrabi, Runke oder Runkelrübe bezeichnet.

Die Wrucke, wird in Europa seit dem 16./17. Jahrhundert angebaut. Woher sie stammt, ist nicht klar, vielleicht aus dem Mittelmeergebiet vorrömischer Zeit oder aus Skandinavien. Botanisch gesehen ist die Wrucke eine Unterart des Raps (*Brassica napus*), der eine Rübe ausbildet. Hierbei handelt es sich um eine Sprossrübe. Die Wrucke ist ein traditionelles Gemüse, das in kühlem Klima auf humushaltigen, lehmigen Böden gut gedeiht. Die Aussaat erfolgt von Mitte Mai bis Mitte Juni, die Ernte von Ende Oktober bis Anfang November. Sorten mit weißfleischigen Rüben werden bei uns traditionell im Winter als Viehfutter und die gelbfleischigen Sorten bis April als Gemüse genutzt.

Leider genießt die Wrucke keinen guten Ruf, weil mit ihr Erinnerungen an Kriegszeiten verbunden werden. Im „Steckrübenwinter" 1916/17, wie auch im Hungerwinter 1946/47, dienten die eigentlich als Viehfutter vorgesehenen Früchte der hungernden Bevölkerung als Nahrung. Es gab Steckrüben in allen Variationen: als Eintopf, Brot, Kotelett, Marmelade, sogar als Kaffeeersatz. Kein Wunder, wenn man nie wieder Lust auf Steckrüben bekam. Dadurch sind in Deutschland viele der alten Sorten wie die „Pommersche Kannenwrucke" oder der „Gelbe Apfel" verschwunden.

Seit einigen Jahren gewinnt die Wrucke wieder an kulinarischer Bedeutung. Da ihr Anbau unkompliziert ist und sie weder Agrarchemie noch lange Transporte aus wärmeren Regionen benötigt, ist sie ein modernes, klimaschonendes Nahrungsmittel. Die Wrucke hat ein zartes, süßliches Aroma und wurde deshalb in früheren Zeiten auch als „Ananas des Nordens" bezeichnet. Die grobe Form und vor allem die Farbe der Wrucke kommen denen der Ananas sehr nahe.

Sie ist reich an Vitamin C, Kalium und Calcium und zudem kalorienarm. Eine besonders schmackhafte Sorte ist die „Wilhelmsburger" von 1897 mit orangegelbem Fruchtfleisch. „Hoffmans Gelbe", eine alte gelbfruchtige Sorte, oder die weißfleischige „Niko" mit grünem Kragen und feinem Aroma sind weitere empfehlenswerte Sorten.

Wruckeneintopf

750 g Steckrübe
1 Bd. Suppengrün
500 g Rindfleisch
2 l Rinderbrühe
2 Lorbeerblätter
1 TL Pfefferkörner
750 g Kartoffeln
2 EL Majoran
Salz, Pfeffer

Die Steckrübe schälen und klein würfeln. Das Suppengrün putzen, waschen und in kleine Stücke schneiden. Rindfleisch mit dem vorbereiteten Suppengrün in die kochende Rinderbrühe geben, Lorbeerblätter und Pfefferkörner zufügen und alles ca. **1 1/2 Stunden** bei milder Hitze kochen lassen.
Das Fleisch herausnehmen, Brühe durch ein Sieb gießen. Kartoffeln schälen und waschen. Fleisch und Kartoffeln würfeln.
Brühe zum Kochen bringen, Steckrübenwürfel, Fleisch- und Kartoffelwürfel zugeben und weitere ca. **30 Minuten** garen. Mit Majoran, Salz und Pfeffer abschmecken.

Die Steckrübe lässt sich u.a. für Eintöpfe, als Suppeneinlage, gewürfelt und gedünstet in der Pfanne als Gemüse zubereitet, als Püree oder Ofengemüse, geraspelt zu Reibekuchen verarbeitet oder als Rohkostsalat verwenden.

Uckermärker Hochzeitssuppe

Für 6 Portionen

- *1 Suppenhuhn ca. 2 kg*
- *1 Bd. Suppengrün*
- *5 Eier*
- *300 g Hackfleisch, halb Rind und halb Schwein*
- *1 kg weißer Spargel*
- *20 g Quark*
- *200 ml Milch*
- *Salz, Pfeffer, Paprika, Muskatnuss*
- *1 Bd. Petersilie*

Suppengrün waschen, schälen und in grobe Stücke schneiden. Das Huhn gründlich unter kaltem Wasser abbrausen. Wasser mit etwas Salz in einem großen Topf erhitzen. Das Suppenhuhn und das Gemüse hinzugeben und das Ganze ca. **90 Minuten** köcheln lassen. Huhn und Gemüse sollten knapp mit Wasser bedeckt sein. Nach der Garzeit das Suppenhuhn und das Gemüse herausnehmen und beiseite stellen. Die Hühnerbrühe aufheben und erneut erhitzen. Das Hühnchenfleisch vom Knochen lösen, in die Brühe zurückgeben. Den Spargel schälen und in schräge, ca. 2 cm große Stücke schneiden.

Das Hackfleisch in eine Schüssel geben. Mit 1 Ei, Quark, Salz, Pfeffer und Paprika verkneten und abschmecken. Aus der Masse kleine Klößchen formen. Spargelstücke und Hackbällchen in die heiße, aber nicht kochende Hühnerbrühe geben und ca. **15 bis 20 Minuten** köcheln lassen.

Für den Eierstich die restlichen Eier mit Milch, einer Prise Salz, Pfeffer und Muskat verquirlen. Eiermasse in leicht gebutterte Tassen füllen. Mit Alufolie abdecken und am Tassenrand festdrücken. Tassen in einen Topf mit heißem, aber nicht kochenden Wasser, setzen. Die Tassen sollten zu 2/3 im Wasser stehen. Den Eierstich im geschlossenen Topf bei mittlerer Hitze ca. **25 bis 30 Minuten** stocken lassen. Danach die Tassen aus dem Topf nehmen. Den Eierstich etwas abkühlen lassen, dann aus den Tassen stürzen und in

Am Uckersee Röpersdorf

kleine Würfel schneiden. Erst kurz vor dem Servieren in die Suppe legen. Petersilie fein hacken. Zum Servieren über die Suppe streuen.

Die Hochzeitssuppe gilt als Grundlage glücklicher Ehen und wird traditionell beim Hochzeitsmenü als Vorspeise gereicht.

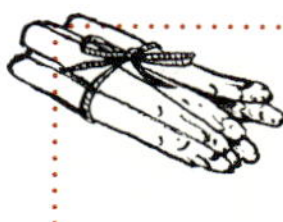

Die Suppe muss sehr heiß sein, wenn der Eierstich hineingegeben wird, so bleibt sie klar.

Angermünder Nudelsupp med Plum un Speck

(Kartoffelsuppe mit Backpflaumen und Speck)

- *200 g Backpflaumen*
- *1 Zwiebel*
- *200 g Rauchspeck (magerer geräucherter Speck)*
- *700 g Kartoffeln*
- *1/2 Knollensellerie*
- *1 Petersilienwurzel*
- *1 Möhre*
- *1 l Fleischbrühe*
- *Salz, Pfeffer*
- *1/2 Bd. Petersilie*

Backpflaumen in etwas Wasser einweichen. Zwiebel schälen, in Würfel schneiden.

Den Speck in feine Würfel schneiden, in einer Pfanne auslassen und knusprig anbraten. Dann die Zwiebelwürfel dazugeben, glasig anbraten und alles beiseite stellen. Kartoffeln, Sellerie, Petersilienwurzel und die Möhre schälen, in Würfel schneiden und alles in der Brühe kochen, bis alle Zutaten weich sind. Mit einem Kartoffelstampfer alles stampfen, die Zutaten sollten noch grob erkennbar sein. Die vorbereiteten Speck- und Zwiebelwürfel zugeben. **30 Minuten** köcheln lassen.

Wenn notwendig noch Brühe oder Wasser zugeben. Die Backpflaumen grob kleinschneiden und am Schluss in die Suppe geben. Noch einmal aufkochen lassen und mit gehackter Petersilie bestreut servieren.

Tollatschen, ein Boitzenburger Originalrezept

250 g Mehl
100 g Zucker
75 g Semmelbrösel
1 TL Salz
75 g Rosinen
1 Zitrone, Bio abgerieben
1 Msp. Anis
1 Msp. Kardamom
1 Msp. Zimt
etwas Thymian
50 g weiches Griebenschmalz
1 l Schweineblut
2 l Fleischbrühe

Die trockenen Zutaten gut miteinander vermischen, anschließend das weiche Griebenschmalz und das Schweineblut unterrühren. Den entstandenen Teig kräftig mit den Händen durchkneten und daraus Tennisball große Klöße formen. Diese in der heißen Brühe etwa **20 Minuten** ziehen lassen. Danach herausnehmen und in eine warme Schüssel schichten.

Natürlich hatte oder hat teilweise heute noch jeder Hof in der Uckermark sein eigenes Rezept. Und so gibt es auch zahllose Abwandlungen. Warmgehalten wurden sie meistens in der Ofenröhre. Eine beliebte Variante ist, die fertigen Tollatschen in Scheiben zu schneiden und in Schmalz zusammen mit Apfelscheiben zu braten.
Die Tollatschen kann man in der Region auch fertig beim Fleischer kaufen, einige bieten auch den Versand an.

Übrigens:
Diesem Gericht hat Hans Fallada mit seiner skurrilen Geschichte „Das Wunder des Tollatsch“ ein literarisches Denkmal gesetzt. Sein Fazit: *„Tollatschen, das ist eben süsse Blutwurst mit Rosinen und Mandeln gebraten, sparsam genossen – ein recht schönes Schlachteessen.“*

Eines der größten Schlösser in der Uckermarck: Schloss Boitzenburg

Uckermärker Kloppschinken

500 g mild geräucherter Schinken, alternativ gekochter Schinken

300 ml Milch, Muskat

Mehl, 2 Eier

Semmelbrösel

Rapsöl zum Braten

Den Schinken in 4 Scheiben schneiden und mindestens **3 Stunden** in die mit Muskat gewürzte Milch legen, besser ist über Nacht. Den Schinken aus der Milch nehmen und leicht mit einem Fleischklopfer flach „kloppen“ Dann mit Mehl, Ei und Semmelbrösel panieren und anschließend in heißem Öl goldbraun ausbacken. Zu feinem oder deftigem Gemüse servieren.

Die Bezeichnung **Kloppschinken** rührt daher, dass die Schinkenscheiben geklopft werden.

Für ärmere Menschen war der Kloppschinken aus geräuchertem oder gekochtem Schinken ein Feiertagsessen. Dazu aß man Bohnen mit Apfelmus. Die nicht ganz ausgereiften weißen Bohnen wurden in Salzwasser weichgekocht. Dann wurden sie mit dem frisch zubereiteten, leicht gesüßten Apfelmus gemischt, reichlich Butter untergerührt und mit Salz und Zucker nach Geschmack gewürzt.

Eine ältere Uckermärkerin hat mich kürzlich aber darauf hingewiesen, dass die Bauern früher gar keinen Kochschinken herstellten, wenn sie schlachteten, der hielt sich nämlich nicht. Deshalb räucherten sie den Schinken und machten daraus dann unter anderem den Kloppschinken.

Gänse-Weißsauer

Für 6 Portionen

1 l Geflügelfond

2 Lorbeerblätter

1/2 Petersilienwurzel

10 Pfefferkörner

5 Pimentkörner

2 Gänsekeulen à ca. 450g

3 EL Estragon Essig

250 ml trockener Weißwein

1/2 Bd. Kerbel

1/2 Bd. glatte Petersilie

10 Blatt weiße Gelatine

Salz, Pfeffer

Geflügelfond mit Salz, Lorbeerblättern, Petersilienwurzel, Pfeffer- und Pimentkörnern aufkochen. Gänsekeulen abspülen, trockentupfen und in die Brühe geben. Im geschlossenen Topf **1 1/2 bis 2 Stunden** köcheln lassen, bis das Fleisch weich ist. Aus der Brühe nehmen, Haut entfernen und das Fleisch abkühlen lassen. Brühe ebenfalls erkalten lassen. Vom Fett befreien und durch ein Sieb gießen. 3/4 l Brühe mit Essig und Wein vermischen, kräftig salzen und pfeffern. Kräuter hacken und unterrühren. Gelatine nach Packungsanleitung einweichen und ausdrücken. Ewas Brühe erwärmen. Gelatine darin auflösen. Unter die restliche Brühe rühren. Gänsefleisch von den Knochen lösen und klein schneiden. In eine Schüssel füllen und mit der Brühe übergießen. Fest werden lassen.

Das Gänse-Weißsauer für jeden Gast in einem kleinen Glas servieren.
Dazu passen Bärlauch-Pesto siehe Seite 90 und Bratkartoffeln siehe Seite 74.

Eberswalder Spritzkuchen

Spritzkuchen ist ein aus Brandteig hergestelltes Fettgebäck mit Zuckerguss glasiert. Die Gebäckstücke sind sehr weich und luftig wie eine Wolke.

Für den Brandteig:

- *60 g Butter*
- *1 Prise Salz*
- *150 g Weizenmehl*
- *3 Eier*

Für den Zuckerguss:

- *Puderzucker*
- *Zitronensaft*

Außerdem:

- *Butterschmalz oder Öl zum Frittieren*
- *Backpapier*

Das Mehl sieben. 250 ml Wasser mit der Butter und dem Salz zum Kochen bringen, dabei ab und zu umrühren, damit die Butter schmilzt. Das Mehl auf einmal in das kochende Wasser geben und mit einem Holzlöffel kräftig rühren und solange erhitzen, bis der Teig sich vom Topfboden löst und einen Kloß bildet (nach ca. **1 Minute**).
Den Teig in eine Schüssel geben und kurz abkühlen lassen. Die Eier nacheinander mit dem Rührgerät auf höchster Stufe unter den Teig rühren. Das Backpapier in Quadrate (etwa 8 cm x 8 cm) schneiden und mit Öl bestreichen. Den Brandteig in einen Spritzbeutel mit großer Sterntülle füllen und auf das Backpapier Ringe spritzen.
Das Butterschmalz in einem weiteren Topf erhitzen, bis sich an einem hineingestellten Holzkochlöffelstiel Bläschen bilden. Die Papierstücke umgedreht über das heiße Fett halten und die Kringel hineingleiten lassen. Die Spritzkuchen portionsweise von beiden Seiten goldgelb backen.
Mit einem Schaumlöffel herausnehmen und auf einem Kuchengitter abtropfen und erkalten lassen.
Den Puderzucker mit Zitronensaft dickflüssig anrühren, die Spritzkuchen damit einpinseln und anschließend trocknen lassen.

Eberswalder Spritzkuchen

Der Konditor und Lebküchler Gustav Louis Zietemann aus Berlin erwirkte im Februar 1832 die Genehmigung, sich als Konditor in Eberswalde niederzulassen. Bereits im April 1832 eröffnete er seine Konditorei und bot dort erstmals den Eberswalder Spritzkuchen an.

Der damals 25-Jährige erfand nicht den köstlichen Brandteig als solchen. Er fand aber heraus, dass die süßen Teilchen besser gelingen, wenn man sie zunächst auf ein Papier spritzt und dann schwimmend im Fett ausbäckt und nicht im Backofen. Das so entstandene Gebäck war lockerer als alles, was bis zu dieser Zeit aus Brandteig hergestellt wurde. So wurde seine Erfindung zu einem Renner in Eberswalde.

Ab dem Jahr 1842 lieferte er seine Spritzkuchen an den Eberswalder Bahnhof, wo seit August 1842 die neue Bahnlinie Berlin–Stettin verkehrte. Bäckerburschen verkauften lauthals auf den Bahnsteigen den „Eberswalder Spritzkuchen" und schnell waren sie von Berlin bis Stettin in aller Munde. Gustav Louis Zietemann hat es in der Zeit zu einem der angesehensten Bürger von Eberswalde gebracht.

Sein jüngerer Sohn Hermann Julius übernahm die Konditorei und später führten zwei seiner Söhne das Geschäft weiter, bis in den letzten Kriegstagen im April 1945 die Konditorei in der Mühlenstraße zerstört wurde und die Familie das Unternehmen aufgab.

Der Spritzkuchen jedoch überlebte. In den 1960er Jahren gab es ihn auch wieder auf dem Bahnhof zu kaufen. So wurde der Spritzkuchen ein Werbeträger für Eberswalde und viele Reisende verbanden den Namen von Eberswalde mit den Spritzkuchen. Zum Gedenken an Zietemann steht seit dem 30. November 2007 – anlässlich „175 Jahre Eberswalder Spritzkuchen" eine Bronzestatue im Eberswalder Bahnhof.

„Eberswalder Spritzkuchenjunge" (Künstler: Eckhard Herrmann)

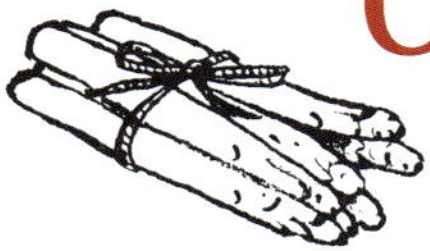

Oder-Spree Seenland

Kloster Neuzelle – der nördlichste Punkt von Süddeutschland

1268 wurde von Heinrich dem Erlauchten, Markgrafen von Meißen, das Zisterzienserkloster Neuzelle gegründet. Direkt an der Oder gelegen gilt das Kloster nicht nur als das nördlichste Zeugnis des böhmischen Barocks in Europa, sondern auch als eines der beeindruckendsten außerhalb des heutigen Tschechiens. Die Klosteranlage von Neuzelle, ein Stück südlich von Frankfurt (Oder), ist nicht etwa Brandenburg-typisch karg eingerichtet, wie die gängigen evangelischen Kirchen, sondern quillt geradezu über vor Prunk. Selbst für die üppigen katholischen Verhältnisse ist sie außergewöhnlich prächtig ausgestattet. 1817 mussten die letzten Mönche Neuzelle verlassen, da der preußische Staat das Kloster säkularisierte. Nun aber, fast genau 200 Jahre später sind wieder Mönche eingezogen. Ihr Leitspruch: *„quid fuit? quid erit? Was war? – Was ist. – Was wird sein?"*

Dieses Mal kommen sie allerdings nicht aus dem Böhmischen, sondern aus Österreich. Der Weg zum Mutterhaus der Mönche führt in eine weite Senke im Wienerwald, etwa ein Dutzend Kilometer westlich der österreichischen Hauptstadt Wien. Dort befindet sich der Zisterzienserstift Heiligenkreuz. Er wurde 1133 gegründet und ist, nach dem ebenfalls in Österreich befindlichen Stift Rein das älteste durchgehend bestehende Kloster des Ordens. Das Mutterkloster ist aber auch berühmt für sein „Chorgebet". *„Ora et labora"* – *„Bete und arbeite"* ist der Auftrag der Mönche in Heiligenkreuz, die nach der Regel des hl. Benedikt leben. Darum pflegen sie besonders das „ora" in der Liturgie durch das gemeinsame „Chorgebet". In diesem öffentlichen Gebet schöpfen sie die Kraft für die tägliche Arbeit und geben Gott den gebührenden Lobpreis. Die feierliche Liturgie in der altehrwürdigen lateinischen Sprache ist in ihrer zisterziensischen Eigenart wesentlich durch den Gregorianischen Choral geprägt. Diese Gesangsform unterscheidet sich stark von den Kirchenliedern, wie sie im Gemeindegottesdienst üblich sind. Das Kloster hat entschieden, in Neuzelle ein sogenanntes Priorat zu gründen – also eine Niederlassung. Die ersten Mönche haben das klösterliche Leben bereits aufgenommen: Sie feiern das Chorgebet und die Liturgie, wirken in der Pfarr- und Wallfahrtsseelsorge und empfangen Gäste."

Ob gläubig oder nicht: ein paar Minuten des Zuhörens und der Stille tun einfach gut.

Herings-Häckerle

4 Salzheringe à 200 g
2 hartgekochte Eier
2 kleine Äpfel
2 kleine Zwiebeln
100 g magerer Räucherspeck
4 EL saure Sahne
1 TL Senf
1 Prise Zucker
Salz, Pfeffer

Salzheringe über Nacht wässern. Am nächsten Tag ausnehmen, häuten und filetieren.

Heringsfilet und geschälte Eier fein würfeln. Die gewaschenen, halbierten, entkernten Äpfel ebenfalls würfeln. Geschälte Zwiebeln fein hacken. Alles in einer Schüssel mischen.

Saure Sahne mit Senf in einem Becher verrühren. Mit Pfeffer und Zucker abschmecken.

Eventuell noch nachsalzen. Das Ganze mit dem Hering gut mischen, mindestens **30 Minuten** ziehen lassen und servieren.

Herings-Häckerle ist nicht nur als Katerfrühstück gut. Die Älteren unter uns können sich sicher noch erinnern. Zu DDR-Zeiten gab es Salzhering eigentlich immer. Zwischen Winter und Frühjahr, wenn der Schnittlauch und die Radieschen noch nicht erntereif im Garten sind, dann „jiepert" man nach etwas Frischem: denn Leberwurst und Salami „hängen einem zum Halse heraus". Da war ein Heringshäckerle eine beliebte Ergänzung.

Hering, Hanse und Handel in Frankfurt /Oder

Die Stadt Frankfurt (Oder) hat eine wechselvolle Geschichte. Immer war sie aufgrund ihrer Lage ein Dreh- und Angelpunkt für Handel und Wandel zwischen Ost- und Westeuropa. Am günstigsten Übergang über die Oder in Norddeutschland kreuzten sich im Mittelalter bedeutende Handelsstraßen. Einige Beispiele dafür sind die Handelsrouten Paris-Aachen-Berlin-Frankfurt (Oder)-Warschau-Moskau und Budapest-Krakau-Frankfurt (Oder)-Berlin. Kaufleute und Handwerker aus dem niederrheinisch-westfälischen Raum gründeten hier eine Kaufmannssiedlung. Eine kleine Zahl reicher Frankfurter Großhändler betrieb einen umfangreichen Fernhandel und legte damit die Grundlage für die schnelle Entwicklung der Stadt. Die Stadt, welche bald die Oderschifffahrt von hier bis nach Stettin beherrschte, wurde rasch zur führenden Handelsstadt an der mittleren Oder. Durch Straßenzwang und Niederlagsrecht mussten die fremden Kaufleute den Weg über Frankfurt nehmen und hier ihre Waren bis zu drei Tage zum Kauf auslegen (niederlegen). Besondere Bedeutung hatte der Handel mit Hering, eine der wichtigsten Fastenspeisen des Mittelalters. Zuerst wurde er über Stettin gehandelt, dann gelangte der Fisch direkt aus Schonen (Schweden) und Bergen (Norwegen) nach Frankfurt. Noch am Anfang des 16. Jahrhunderts, wurden hier wöchentlich 2400 Tonnen Hering (je Heringstonne ca. 105 Liter) angelandet. An den einstigen umfangreichen Heringshandel erinnert noch heute der am Südgiebel des Rathauses an gekreuzter Stange hängende Hering. Bei seiner 1994 erfolgten Restaurierung entdeckte man seine Datierung von 1454.

Oderabwärts bis Stettin und darüber hinaus nach Skandinavien wurde durch Frankfurt Leinwand aus Schlesien gebracht. Bauholz, Wein und andere Produkte der Land- und Waldwirtschaft wie Hanf, Honig, Teer und Wachs waren weiteres Handelsgut. Das wichtigste Ausfuhrgut war das aus der gesamten Mark und Polen stammende Getreide. Die reiche Handelsstadt behauptete ihre Sonderstellung und erwirkte die Befreiung vom Stettiner Stapel. Ab 1311 befuhr sie mit eigenen Schiffen die Ostsee. Aus dieser Zeit künden Zeugen norddeutscher Backsteingotik, wie die Marienkirche, die älteste Hallenkirche in Norddeutschland, und das repräsentative Rathaus. In Frankfurt (Oder) wurde 1506 die erste Brandenburgische Landesuniversität gegründet. Sie führte bis 1811 in ihren Matrikeln so klangvolle Namen wie die der Gebrüder Humboldt, Ulrich von Hutten, Carl Philipp Emanuel Bach und Thomas Müntzer. 1777 wurde Heinrich von Kleist – Frankfurts großer Dichtersohn nahe der Oder geboren. Seit 1998 trägt die Stadt seinen Namen - Kleiststadt Frankfurt (Oder).

Kürbis süß-sauer

1 mittelgroßer Hokkaido-Kürbis

800 g Zucker

4 EL Honig

100 ml Essig-Essenz

1 Zimtstange

3 Gewürz-Nelken

1/2 TL Salz

1 TL Abrieb einer unbehandelten Zitrone oder Orange

2,5 Liter Wasser zusammen mit Zucker, Honig, Essig, Zimtstangen (kleiner schneiden oder brechen), Nelken, Salz und Zitronenabrieb zum Kochen bringen. Den Kürbis in der Zwischenzeit in Stücke schneiden (ca. 1 cm x 1 cm groß). Die Schale muss bei einem Hokkaido-Kürbis nicht entfernt werden, da sie sich zum Verzehr eignet. Sobald das Wasser kocht, die Kürbiswürfel hineingeben, so dass alle Stücke mit Flüssigkeit bedeckt sind. Dann ca. **25 Minuten** auf kleiner Stufe aufkochen, bis der Kürbis weich ist. Anschließend den Kürbis mit der Flüssigkeit in kleine Twist off-Gläser umfüllen und mit einem Schraubdeckel verschließen. Die Gläser auf den Kopf stellen und **einige Minuten** abkühlen lassen.

Um die Gewürze unkompliziert wieder zu entfernen, kann man sie in ein Leinsäckchen oder ein Teesieb geben.

Kürbis süß-sauer, nach Oma Ernas Art

1 Kürbis, ca. 2 kg

500 g Zucker

5 Nelken

2 Zimtstangen

100 ml Essig-Essenz

2 Liter Wasser und Zucker aufkochen. Die Gewürze in ein Teeei geben oder in ein Leinenläppchen einwickeln. Mit in den Topf geben. Essig-Essenz zugeben. Alles ca. **15 Minuten** auskochen lassen. Den Kürbis schälen in Würfel schneiden und im fertigen Sud ca. **10 Minuten** köcheln lassen. In Twist off- oder Weckgläser abfüllen.

Falscher Hase – Hackbraten

500 g Hackfleisch (halb Rind und halb Schwein)

100 g magerer Rauchspeck

2 große Zwiebeln

1 Brötchen

1 Ei

200 ml saure Sahne

1 EL Mehl

Salz, Pfeffer

Das Brötchen in Wasser einweichen und anschließend ausdrücken. Alle Zutaten (außer Sahne und Mehl) vermengen, zu einem glatten Teig verarbeiten und wie ein längliches Brot formen. Den Rauchspeck in Scheiben schneiden und von oben in den Hackfleischleib hineindrücken. Die Fleischmasse mit ca. 250 ml Wasser bei **180 °C** für ca. **30 Minuten** in den Ofen schieben. Dann das Fleisch herausnehmen, den Bratenfond mit etwas Wasser aufkochen und die Sahne dazugeben. Die Sauce mit Salz, Pfeffer und Zitronensaft abschmecken. Bei Bedarf die Sauce mit einer Mehlschwitze binden. Zum Schluss das Fleisch in Scheiben schneiden und mit der Sahnesoße übergießen. Als Beilage passen Mischgemüse sowie Kartoffelpüree oder Salzkartoffeln.

Braten von der Marxdorfer Weideland-Ziege

1 Ziegenkeule, ca. 1,5 kg mit Knochen
3 Knoblauchzehen
1 Flasche trockner Rotwein (0,75 l)
Rapsöl zum Braten
4 große Zwiebeln
1 Bd. Suppengrün
3 Lorbeerblätter
10 Pimentkörner
200 ml Schmand
Salz, Pfeffer

Die Keule mit den in Streifen geschnittenen Knoblauchzehen spicken. Über Nacht im Rotwein marinieren. In einem Bratentopf Öl erhitzen. Die Keule mit Küchenkrepp abtrocknen und im heißen Öl ringsherum kräftig anbraten. In Würfel geschnittene Zwiebeln und Suppengrün dazugeben. Anschließend mit der Marinade ablöschen. Die Gewürze hinzufügen.

Den Braten im abgedeckten Topf bei geringer Hitze **3 bis 4 Stunden** köcheln lassen. Evtl. mit Wasser, Brühe oder Rotwein auffüllen. Sobald das Fleisch weich ist, lässt sich der Knochen leicht herausziehen. Dann das Fleisch, die Lorbeerblätter und die Pimentkörner aus dem Topf nehmen. Mit einem Stabmixer die verbleibende Flüssigkeit mit dem Gemüse fein pürieren. Die Sauce abschmecken und mit Schmand abrunden.

Dazu passen Speckbohnen und mehlig kochende Salzkartoffeln.

Genauso lassen sich die Schulterblätter, der Nacken und die Rippenstücke sowie Bratenstücke vom Schaf zubereiten.

Weideland im Oderbruch

Fürstenwalder Pilzkartoffeln süß-sauer

100 g getrocknete Pilze oder 250 g eingeweckte Pilze aus dem Glas
1 Zwiebel
150 g Rauchspeck
500 ml Gemüsebrühe
500 g Kartoffeln
2 EL Brandweinessig
2 EL Zucker
1 Lorbeerblatt
4 Pimentkörner
Salz, Pfeffer
Rapsöl zum Braten

Getrocknete Pilze über Nacht einweichen. Die Zwiebel pellen und mit dem Rauchspeck in Würfel schneiden. Anschließend in etwas Öl anbraten. Kartoffeln schälen, in Würfel schneiden und dazugeben. Das Ganze mit der Brühe auffüllen Die Pilze klein schneiden und zusammen mit Essig, Zucker, Lorbeerblatt und Piment bei schwacher Hitze köcheln lassen, bis die Kartoffeln gar sind. Mit Salz und Pfeffer abschmecken.

Während der Pilzsaison sind die süß-sauren Pilzkartoffeln ein beliebtes Gericht in der Region. Für das Rezept eignen sich festfleischige Pilze wie Champignons oder Pfifferlinge und Steinpilze.

Quappenfilet mit Wintergemüse

4 Quappenfilets à 200 g

1 Flasche Weißburgunder (0,75 l)

1 Spitzkohl oder Weißkohl

1/2 Fenchelknolle

2 große Selleriescheiben

2 Möhren

2 TL Honig, am besten Akazienhonig

1 Zitrone

Butterschmalz

Mehl

Salz, Pfeffer aus der Mühle

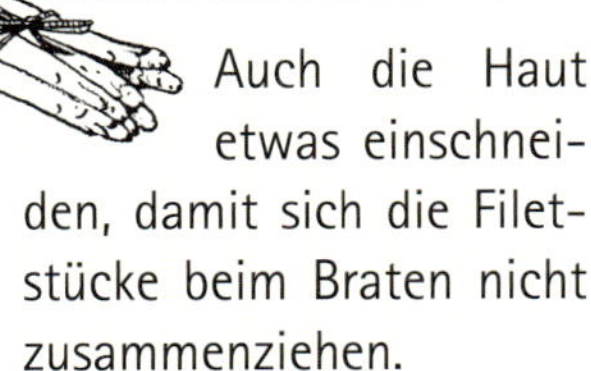

Auch die Haut etwas einschneiden, damit sich die Filetstücke beim Braten nicht zusammenziehen.

Quappenfilets mit dem Wein marinieren und ca. **1 Stunde** im Kühlschrank ziehen lassen.
Das Gemüse in feine Streifen schneiden. Dabei den Spitzkohl separat beiseitelegen.
In einer Pfanne etwas Butterschmalz erhitzen und den Honig darin auflösen. Die Gemüsestreifen hineingeben und leicht andünsten. Dann die Spitzkohlstreifen dazugeben und alles bissfest garen. Der Kohl sollte nicht gebräunt werden. Mit Pfeffer und Salz abschmecken.
Die Filets salzen und mit etwas Zitronensaft beträufeln. In vier Stücke schneiden, die Hautseite mehlieren und in Butterschmalz bei mittlerer Hitze erst auf der Hautseite, dann auf der Fleischseite in ca. **5 bis 6 Minuten** goldbraun braten.
Die Kohlmischung auf die Teller geben und die Filets darauf anrichten. Dazu passen Brat-, Stampf- oder Salzkartoffeln und der Rest aus der Weinflasche.

Übrigens:

Die Quappe, im Volksmund auch „Leopard der Oder" genannt, gehört zur Familie der Dorsche und zieht im Winter die Flüsse hinauf zum Laichen. Er ist ein sehr delikater, begehrter, aber schwer zu bekommender Speisefisch.

Mohnpielen

100 g Rosinen
150 ml Rum
2 altbackene Brötchen
1 l Milch
200 g gemahlener Blaumohn
Abrieb von 1 Bio-Zitrone
100 g Zucker
2 Pck. Vanillezucker
75 g Mandelstifte

Rosinen im Rum einlegen und aufquellen lassen. Brötchen in ca. 1 cm große Würfel schneiden. Milch aufkochen lassen, Mohn einstreuen und ca. **15 Minuten** quellen lassen. Die Zitronenschale abreiben und gemeinsam mit Zucker und Vanillezucker einrühren und alles unter Rühren nochmals aufkochen lassen. In die heiße Masse die eingelegten Rosinen mit dem Rum, Mandeln und Brötchen-Würfeln geben und alles vermengen. Gut durchziehen lassen.
Wem die Masse nach dem Durchziehen und Aufquellen zu kompakt ist, der kann nachträglich noch Milch unterrühren.
Serviert wird es als Dessert in kleinen Schüsseln mit viel Schlagsahne.

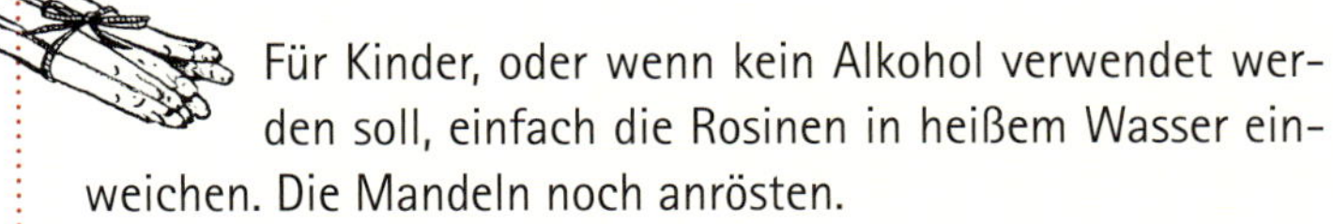

Für Kinder, oder wenn kein Alkohol verwendet werden soll, einfach die Rosinen in heißem Wasser einweichen. Die Mandeln noch anrösten.

Dieses Gericht stammt ursprünglich aus Schlesien, wurde vor allem zu Weihnachten und Silvester auch hier gerne gegessen.

Arme Ritter

2 Eier, 1 Prise Salz

150 ml Milch

50 g Zucker

4 altbackene Brötchen oder Toastscheiben

100 g Butter

Zucker, Zimt

Eier mit Salz in der Milch verquirlen, Zucker dazugeben. Die Brötchen halbieren bzw. in Scheiben schneiden und in die Masse geben. Nachdem die Brötchen sich vollgesogen haben (sie dürfen aber nicht zerfallen) Butter in einer Pfanne erhitzen und die Brötchenhälften darin goldgelb backen. Mit Zucker und Zimt bestreuen und heiß servieren.

Eigentlich waren **„Arme Ritter"** ein Arme-Leute-Gericht zur Resteverwertung. Eier wurden über altbackenes Brot aufgeschlagen und in Fett gebraten. Besonders in der Nachkriegszeit wurde diese Zubereitung, die mit wenigen Zutaten auskommt, wieder beliebt.

Die „Armen Ritter" gehören zu den uralten Speisen, sie waren schon bei den Römern bekannt. Hierzulande wurden sie schon im ersten, in deutscher Sprache erschienenen Kochbuch erwähnt. Die Brüder Grimm zitieren im Deutschen Wörterbuch aus diesem Buch: *„snit denne aht snitten arme ritter und backe die in smalze niht zu trüge."*

Potsdam, Havelland & Fläming

Havelländer Obstmucker und Baumblütenfest in Werder

Der Obstbau spielte in Werder im Havelland schon lange eine zentrale Rolle. Zahlreiche alteingesessene Obstbauern, hier liebevoll Obstmucker genannt, haben die mageren Böden mit Fleiß und dem Wasser aus der Havel zur Blüte gebracht.

Im Frühjahr verwandelt sich die gesamte Gegend in ein Blütenmeer. Seit 1879 wird alljährlich das Baumblütenfest gefeiert. Der „Obstmucker" Wilhelm Wils hatte damals die Idee, die Berliner doch auch im Frühjahr nach Werder zu locken, um ihnen hier Erholung und die Produkte der Region zu bieten. Da dieses Fest die Erwartungen bei weitem übertraf, wurde es in den nächsten Jahren fortgesetzt. Mit einigen Unterbrechungen, mal größer und mal kleiner gefeiert, ist es seitdem ein fester Bestandteil der Werderaner Geschichte. Die Obstmucker laden dazu in ihre Gärten und Wiesen zur Verkostung des oft selbst hergestellten Obstweines ein.

Die besten Lagen werden sogar zum Weinanbau genutzt. Der Werderaner Wachtelberg gehört mit zu Europas nördlichsten Anbaugebieten für Qualitätswein.

Das Baumblütenfest in Werder ist eine besondere Gelegenheit für Gäste aus nah und fern an die Havel zu kommen, um blühende Obstgärten und Obstwein zu genießen. Entlang des „Hohen Weges" gibt es zahlreiche Obstgärten mit Kaffee und Kuchen sowie viele Unterhaltungsmöglichkeiten für Groß und Klein.

Das Baumblütenfest ist ein Weinfest, auf dem es Obstweine z. B. Apfel-, Kirsch- oder Himbeerwein und viele andere Sorten gibt. Das war früher nach dem langen Winter die erste Einnahme der Obstbauern. Heute ist es eine große Baumblüten-Party mit Garten-, Grill- und Kinderfesten auf den Obsthöfen, in der Stadt und der näheren Umgebung. Für Wanderer und Radfahrer empfiehlt sich der Panoramaweg „Werderobst", besonders zur Baumblüte ein sehr reizvoller Ausflugsweg in Brandenburg. Sie können jedoch auch die „Blütenbusse" nutzen, um die Obsthöfe und Plantagen anzusteuern.

Backschwein-Soljanka

200 g Schweinebraten aus dem Ofen, am besten Krustenbraten
400 g Wurst z. B. herzhafte Rohwurst, Fleischwurst, etc.
100 g Rauchspeck (magerer Schinkenspeck)
1,5 l Fleischbrühe
2 Zwiebeln
3 Spreewälder Gewürzgurken
2 rote Paprika
100 g Tomatenmark
1 EL Paprikapulver
1 Knoblauchzehe
Salz, Pfeffer

Zuerst die Zwiebeln schälen und in Würfel schneiden. Fleisch, Wurst, Gewürzgurke und Paprika in Streifen schneiden. Zwiebeln und den Rauchspeck in einem Topf andünsten.

Anschließend Tomatenmark, Paprikapulver, Gurken, das Fleisch bzw. die Wurst und den fein gewürfelten Knoblauch dazugeben und alles zusammen weiterdünsten. Die Fleischbrühe in den Topf gießen und alles ca. **20 Minuten** köcheln lassen. Anschließend die Suppe mit Salz und Pfeffer abschmecken.

„Fritze Bollmann's" Pfannfisch

200 g Zanderfilet mit Haut
600 g frischer Aal, küchenfertig
200 g Hechtfilet mit Haut
Saft von 1 Zitrone
250 g gekochte Kartoffeln
2 mittelgroße Zwiebeln
100 g Möhren
100 g Kürbis
100 g Spargel
1/2 Blumenkohl
1/2 Wirsingkohl
180 g magerer Speck
Salz, Pfeffer
Öl

Fisch waschen, trockentupfen. Die Fischfilets in daumengroße Stücke schneiden, den Aal gleichmäßig portionieren. Alles zusammen mit Zitrone, Salz und Pfeffer würzen. Kartoffeln und Zwiebeln würfeln und in etwas Öl braten. Die Möhren und den Kürbis schälen, in Scheibchen schneiden und blanchieren. Den Spargel schälen, abkochen und in ca. 3 cm lange Stücke schneiden. Den Blumenkohl in kleine Röschen teilen und bissfest kochen. Den Wirsing ohne Strunk in dünne Streifen schneiden. Das Gemüse mit den Bratkartoffeln kurz mitbraten, mit Knoblauch, Thymian, Salz und Pfeffer abschmecken. Den Fisch separat kross braten.
Vom Speck Speckkämme schneiden und knusprig braten. Auf Bratkartoffeln und Gemüse die Fischfilets anrichten.

Fritze Bollmann ein Brandenburger Original
Johann Friedrich Andreas Bollmann, genannt Fritze Bollmann, war um 1900 Barbier in der Stadt Brandenburg/Havel, wo es heute ein kleines Denkmal für ihn gibt und dazu dieses Lied.

Fritze Bollmann wollte angeln, dabei fiel die Angel rin.
Fritze Bollmann wollte sie langen, dabei fiel er selber rin.
Fritze Bollmann schrie um Hilfe, liebe Leute, rettet mir,
denn ich bin doch Fritze Bollmann, aus der Altstadt der Barbier.
Und die Angel war gerettet, Fritze Bollmann – der versuff.
Und seitdem geht Fritze Bollmann auf den Beetzsee nicht mehr ruff.

Spargel – Königliches Gemüse

Überall in Brandenburg wird Spargel angebaut, denn das Edelgemüse liebt sandige Böden und gedeiht prächtig in der „Märkischen Streusandbüchse". Der Beelitzer Spargel ist der bekannteste in Brandenburg. Die Region südwestlich von Berlin rund um Beelitz gehört zu den größten Spargelanbaugebieten Deutschlands, denn die warmen Sandböden bieten hier die ideale Grundlage für das zarte Edelgemüse. Die Spargelsaison beginnt je nach Wetter Mitte bis Ende April und dauert traditionell bis zum Johannistag am 24. Juni. Es gibt in Deutschland kein anderes Gemüse, das nahezu bedingungslos saisonal gegessen wird.

Der Begriff Spargel bedeutet nichts anderes als junger Trieb. Würde man den Spargel daher nicht ernten, würden sich aus ihm verzweigte Stängel mit fiedrigen Blättchen, kleinen gelben Blüten und in Folge scharlachrote, leicht giftige Beeren entwickeln. Die Gattung Spargel umfasst über 200 Arten, essbar sind davon aber nur wenige. Dazu zählen der im Mittelmeerraum wildwachsende spitzblättrige Spargel oder der bei uns bekannte Gemüsespargel, der von den alten Römern mit großer Hingabe kultiviert wurde.

Gelehrte und Feinschmecker haben bereits in der vorchristlichen Zeit Abhandlungen über den Anbau und die Zubereitung des Gemüsespargels verfasst. Der für seine grandiosen Gastmähler bekannte Gourmet Lukullus ließ verlauten: *„Es kann nur der kochen, dem es gelingt, Spargel ohne Zutat in wonnigster Vollendung aufzutischen."* Gerade in der heutigen Zeit, sollte dieser Rat Beachtung finden, denn viel zu oft wird das gesunde Gemüse in Sauce Hollandaise oder anderen fettreichen Saucen geradezu ertränkt.

Lange aß man ausschließlich grünen Spargel, denn der Bleich- oder Weißspargel wurde erst im 19. Jahrhundert „entdeckt". Dies geschah zufällig, da man über die Spargel-Sprosse Tonhauben gestülpt hatte, um sie vor Tieren zu schützen. Aufgrund des Lichtmangels wurde im Spargel kein Chlorophyll gebildet, wodurch das Gemüse weiß blieb. Da der weiße Spargel geschmacklich sehr zart und mild ist, fand er in Deutschland schnell viele Anhänger.

Märkischer Pfannenspargel

2 kg Brandenburger Spargel
250 ml Apfel-Sanddornsaft
2 EL Butter
Salz

Spargel schälen und die Enden abschneiden. Butter in der Pfanne erhitzen und Spargel in die Pfanne legen, kurz anschwitzen lassen, den Apfel-Sanddornsaft und eine Prise Salz hinzugeben. Hitze reduzieren. Der Spargel soll nicht anbraten, sondern „im eigenen Saft“ zusammen mit dem Sanddornsaft garen. Gesamt-Garzeit je nach Stangenstärke und Geschmack ca. **15 bis 20 Minuten**.

Salat von rohem Spargel

500 g weißer Spargel oder je 250 g weißer und grüner Spargel
8 EL Apfelsaft
3 EL Apfelessig
2 EL mittelscharfer Senf
4 EL Rapsöl
1 TL Honig
1 Bd. Rucola
100 g Erdbeeren
Salz, Pfeffer

Weißen Spargel schälen und die holzigen Enden abschneiden. Dann die Stangen in 0,5 cm dicke schräge Scheibchen schneiden.
Apfelsaft, Apfelessig, Rapsöl und Senf zu einem geschmeidigen Dressing verrühren. Mit Salz und Pfeffer abschmecken und das Ganze als Marinade über den Spargel geben. Alles miteinander vermengen und mindestens **30 Minuten** marinieren lassen. In der Zwischenzeit die Erdbeeren waschen und vierteln. Rucola waschen und grob schneiden.
Nachdem der Spargel mariniert ist, die Erdbeeren und Rucola dazugeben.

Havelländer Schüttelgurken

1 kg grüne Gurken
2 Zwiebeln
1 TL Salz
3 EL Zucker
3 TL Senfkörner
6 EL Essig (10 %)
2 Lorbeerblätter
Pfefferkörner
frischer Dill

Die Gurken schälen und in 1/2 cm dicke Scheiben, Zwiebel in dünne Ringe schneiden. Salz, Senfkörner, Zucker und Essig in einer Tasse miteinander vermengen. Gurkenscheiben schichtweise in eine Schüssel legen und jeweils mit den Zwiebelringen, Pfefferkörnern, Lorbeerblättern und der Mischung aus der Tasse auffüllen. Das Kräutergemisch deckt die Gurken nicht ab, aber nach **ein paar Stunden** hat sich so viel eigener Saft gebildet, dass die Gurken fast abgedeckt sind. Dill klein hacken und je nach Geschmack untermengen. Die Gurken mindestens **4 Stunden** an einem kühlen Ort stehen lassen und zwischendurch gut durchrühren.

Alternativ einfach eine Schüssel mit einem Deckel benutzen und die Gurken schütteln. Daher der Name Schüttelgurken.

Sie können die Gurken natürlich auch in dünnere Scheiben schneiden. Dann verkürzt sich die Wartezeit. Je länger die Gurken ziehen, desto weicher werden sie. Wer also die Schüttel- oder Schnellgurken mit etwas Biss haben möchte, sollte zwischendurch mal probieren.

Teltower Rübchen-Birnen-Ragout

2 kg geschälte Teltower Rübchen

5 geschälte Birnen, feste Sorte

40 g Maismehl

150 g Schmand

Zitronensaft

Salz, Pfeffer

Die Teltower Rübchen und die Birnen je nach Größe der Länge nach vierteln oder achteln.

Zunächst die Rübchen in 600 ml Salzwasser **5 Minuten** köcheln lassen, dann die Birnen zugeben und weitere **2 Minuten** ziehen lassen. Birnen und Rübchen aus dem Fond nehmen und beiseite stellen. Maismehl gründlich in den Fond einrühren.

Den Schmand hinzugeben und alles mit Zitronensaft, Salz und Pfeffer abschmecken. Dann die Rübchen und Birnen in die Sauce geben."

Das Ragout passt gut zu gebratener Hähnchenbrust, Kasseler oder Schnitzel (siehe Rehschnitzel S. 13.)

Das **Teltower Rübchen** (*Brassica rapa var. rapa*) ist eine brandenburgische Spezialität. Es gehört innerhalb der Kohlgewächse in die Gruppe der Speiserüben, zusammen mit den Mairüben, Herbstrüben und Weißen Rüben. Das Teltower Rübchen wird im August gesät und kann daher erst im Oktober geerntet werden. Das echte Teltower Rübchen ist klein, nur 2 bis 4 cm dick, gelblich, hat deutliche Längs- und Querriefen und feine seitliche Wurzeln. Es ähnelt äußerlich eher der Pastinake oder Petersilienwurzel als den anderen Rüben, unterscheidet sich aber deutlich im Geschmack. Das Teltower Rübchen war zunächst das Essen armer Leute. Die Bauern auf den kargen Böden in und um Teltow hatten spätestens seit dem 17. Jahrhundert, nach der Getreideernte, noch selbst vermehrte Samen der Rübchen ausgebracht, um im Winter zusätzliche Nahrung zu haben. Wenig später schon waren die Rüben als Delikatesse auf den Fürstenhöfen bekannt. Als dann Napoleons Truppen Anfang des 19. Jahrhunderts die Preußen besiegten, brachten sie auch Teltower Rübchen als „navets de Teltow" („Kohlrüben aus Teltow") an den Hof des Kaisers. Auch Johann Wolfgang von Goethe ließ sich die eigentümlichen Gewächse von seinem Berliner Freund Zelter über viele Jahre hinweg nach Weimar schicken. Seine Briefe an Zelter strotzen vor überschwänglicher Begeisterung:

„... zu unserer Danknehmigkeit sind die köstlichen Rübchen angelangt; sie behaupten auch diesmal ihre alten Tugenden", schrieb er.

Senf-Champignons

500 g Champignons
1 Zwiebel, 2 Knoblauchzehen
1/2 Bd. glatte Petersilie
1 EL Rapsöl, 300 ml Schlagsahne
2 TL Senf, mittelscharfer
Salz, Pfeffer

Pilze putzen und klein schneiden. Zwiebel und Knoblauchzehen schälen und wie die Petersilie fein hacken. Das Öl erhitzen und die Pilze darin etwa **6 Minuten** braten. Dann Zwiebel und Knoblauch zugeben und glasig dünsten. Die Sahne zugießen, den Senf einrühren und alles mit etwas Salz und Pfeffer würzen. Die Pilzpfanne etwa **5 Minuten** köcheln lassen und dann mit der gehackten Petersilie bestreut anrichten.

Klemmkuchen aus dem Jüterboger Land (Speisefoto S. 45 unten)

125 g weiche Butter

125 g Zucker

1 Ei

250 g Mehl

1 Pck. Vanillezucker

150 ml Malzbier

Salz

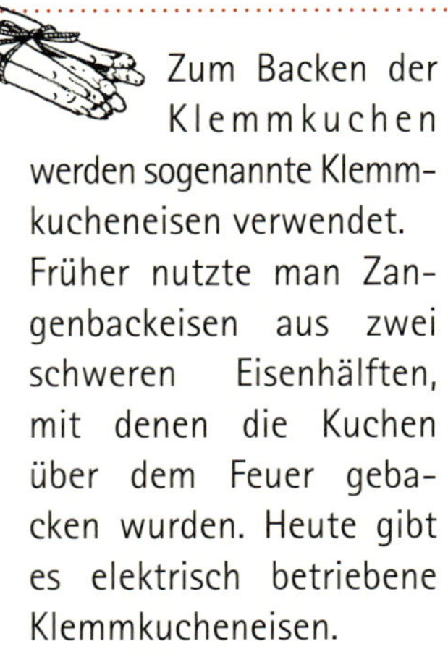

Zum Backen der Klemmkuchen werden sogenannte Klemmkucheneisen verwendet. Früher nutzte man Zangenbackeisen aus zwei schweren Eisenhälften, mit denen die Kuchen über dem Feuer gebacken wurden. Heute gibt es elektrisch betriebene Klemmkucheneisen.

Es ist wichtig, dass alle Teigzutaten die gleiche Zimmertemperatur haben. Butter und Zucker gut miteinander verrühren, Ei dazugeben und kräftig einarbeiten. Mehl langsam unterrühren und mit 400 ml Wasser nach und nach kräftig zu einem glatten Teig verquirlen. Zum Schluss eine Prise Salz und den Vanillezucker hinzugeben. Den Teig mindestens **2 bis 3 Stunden** quellen lassen. Noch besser ist es, ihm eine Nacht Zeit zu geben. Nach dem Quellen nochmals mit Malzbier, Milch oder Wasser langsam unter ständigem Rühren verdünnen. Der Teig muss dünnflüssig sein, um ihn mit einem „Klemmkucheneisen" zu einer knusprigen Waffel zu backen. Je flüssiger der Teig, umso knuspriger der Klemmkuchen.

Der Klemmkuchen wird noch heiß zu einer Tüte gerollt und kurz vor dem Verzehr meist mit Schlagsahne gefüllt. Luftdicht verschlossen und kühl gelagert, bleiben die Klemmkuchen etliche Tage frisch. Als Dessert kann man ihn aber auch noch heiß über ein Schälchen legen. Nach dem Erkalten die nun feste Waffelschale mit frischen Blaubeeren z. B. aus dem Fläming und etwas Sahne füllen. Dies sollte aber erst kurz vor dem Servieren geschehen, da die Klemmkuchen sehr schnell aufweichen.

Birnen-Zwiebel-Kuchen

Teig:

300 g Dinkelmehl (Vollkorn Type 1050)

1 Pck. Backpulver

150 g Magerquark

7 EL Milch

75 ml Wasser

6 EL Rapsöl

1 Msp. Salz

Belag:

200 g rote Zwiebeln

100 g Rauchspeck (magerer Schinkenspeck)

3 Birnen

2 EL Zitronensaft

300 g Schmand, 4 Eier

100 g Walnusshälften

etwas geriebener Käse

Salz, Pfeffer

Für den Teig alle Zutaten zu einem glatten geschmeidigen Teig verkneten. In Folie gewickelt ca. **30 Minuten** ruhen lassen.

Für den Belag Zwiebeln schälen und in Scheiben schneiden. Rauchspeck in Würfel schneiden. Birnen vierteln, Kerngehäuse herausschneiden. Viertel in Spalten schneiden und mit Zitronensaft beträufeln.

Jetzt den Teig ausrollen und auf ein mit Backpapier ausgelegtes Backblech legen. Schmand gleichmäßig auf den Teig streichen, mit Salz und Pfeffer würzen. Birnenspalten und Zwiebeln gleichmäßig darauf verteilen. Frühstücksspeck darüberlegen. Im vorgeheizten Ofen bei **200 °C / Gas Stufe 3** den Kuchen ca. **20 Minuten** backen.

Inzwischen Walnusshälften grob hacken, in einer Pfanne rösten. Den Zwiebelkuchen aus dem Ofen nehmen und mit ein paar „Flocken“ Käse und gerösteten Walnüssen belegen. Direkt servieren und genießen.

Niederlausitz & Spreewald

Quark mit Leinöl, das Spreewälder Nationalgericht

500 g Quark

250 ml Milch, alternativ saure Sahne oder Schmand

frischer Schnittlauch

Salz, Pfeffer

Leinöl

Den Quark mit Milch oder je nach Geschmack mit saurer Sahne oder Schmand anrühren.
Mit Salz und Pfeffer würzen. Dazu frisch gehackten Schnittlauch geben.
Das Beste ist ein Schuss Leinöl, ganz frisch, ein unbedingtes Muss. Stellen Sie ein kleines Kännchen mit Leinöl auf den Tisch, so kann sich jeder sein Essen nach seinem Geschmack verfeinern. Zum Quark mit Leinöl werden traditionell Pellkartoffeln gereicht.

Kartoffel-Kürbis-Curry

3 EL Sonnenblumenkerne

1 Zwiebel, 2 Knoblauchzehen

1 EL Butter, 600 g Kürbisfleisch

200 g Kartoffeln, vorwiegend festkochend

400 g geschälte Tomaten

2 EL Currypaste (alternativ Currypulver)

100 ml Schmand

200 ml Weißwein, Salz, Pfeffer

Die Sonnenblumenkerne trocken in einer Pfanne anrösten und beiseite stellen. Die Zwiebel pellen und in Würfel schneiden. Knoblauch fein hacken und in einem Topf mit Butter leicht andünsten. Das Kürbisfleisch und die geschälten Kartoffeln grob würfeln. Tomaten zerdrücken und zusammen mit Kürbis- und Kartoffelwürfeln in den Topf geben. Die Currypaste, Wein und den Schmand dazugeben und alles ca. **20 Minuten** köcheln lassen. Der Kürbis sollte nicht zu weich werden. Mit Salz und Pfeffer abschmecken. Die Sonnenblumenkerne beim Anrichten auf das Curry geben.

Rinderbrust in Meerrettichsauce

800 g gepökelte Rinderbrust, ohne Knochen
1 Bd. Suppengrün
2 Zwiebeln
1 Lorbeerblatt
5 Pfefferkörner
2 Wacholderbeeren
1 TL Senfkörner
Salz, Pfeffer

Für die Meerrettichsauce:

30 g Butter
20 g Mehl
250 ml Milch
1 fingerlanges Stück Meerrettichwurzel
Zitronensaft
Salz, Pfeffer

Die Rinderbrust waschen, in einen großen Topf mit ca. 2 Liter Wasser geben. Das Suppengrün putzen, waschen und beiseitelegen. Dann die Zwiebeln pellen und vierteln. Schließlich Suppengrün, Zwiebeln, Lorbeer, Pfefferkörner, Senfkörner und etwas Salz mit in den Topf geben. Das Ganze aufkochen lassen. Den sich bildenden Schaum abschöpfen. Weiter ca. **1 1/2 Stunden** kochen lassen. Das Fleisch herausnehmen und anschließend die Brühe durchsieben. 250 ml davon abnehmen. Für die Sauce die Butter erhitzen und das Mehl darin anschwitzen. Milch und die abgenommene Brühe unter Rühren hinzufügen, aufkochen und **einige Minuten** köcheln lassen. Den Meerrettich schälen und fein reiben und anschließend in die Sauce geben. Mit Zitronensaft, Salz und Pfeffer abschmecken. Das Fleisch in Scheiben schneiden und mit der Meerrettichsauce zu Salzkartoffeln oder Kartoffelmus servieren.

Gurkenflieger – dieser Flieger hebt nicht ab!

Ein Gurkenflieger ist ein landwirtschaftliches Fahrzeug, das aus der Luft wie ein Kleinflugzeug aussieht. In den „Tragflächen" wird gearbeitet. Der Gurkenflieger besteht meistens aus einem Traktor, Lastwagen und Anhänger, an dessen Seiten lange Plattformen hängen. Diese sehen von oben betrachtet aus wie Tragflächen, woraus auch der Name resultiert.
Auf den bis zu 15 Meter langen Plattformen, die knapp über dem Boden schweben, liegen Erntehelfer, die die Gurken mit den Händen pflücken. Entweder sammelt man die Gurken in Körben oder das Gemüse wird direkt über ein Förderband abtransportiert.
Der Gurkenflieger ist mit einer Geschwindigkeit von etwa einem Meter pro Minute unterwegs, damit auch möglichst alle Gurken eingesammelt werden können. Zwar liegen die Arbeiter, aber die Arbeit ist trotzdem sehr anstrengend und gewöhnungsbedürftig.

Lübbenauer Schmorgurken

750 g Salatgurken

50 g Butter

800 ml Brühe (Gemüsebrühe, Hühnerbrühe oder einfach Wasser)

100 ml Weißwein

10 g Speisestärke

4 EL saure Sahne

1 Bund Dill

1/2 Bund Petersilie

Salz, weißer Pfeffer

Die Gurken halbieren, entkernen und in dicke Scheiben schneiden. In einem Topf die Butter erhitzen und dann die Gurken hinzugeben. Nach **5 Minuten** mit der Brühe angießen und alles noch etwa **15 Minuten** schmoren lassen. Danach die Gurken mit Weißwein ablöschen und die Sauce mit Stärke andicken. Zum Schluss saure Sahne, Salz sowie Pfeffer und die gehackten Kräuter dazugeben. Ganz klassisch werden die Schmorgurken mit Salzkartoffeln serviert.

Senfgurkensuppe mit Bratapfelscheiben und „Neuzeller Schwarze“

500 g Spreewälder Senfgurken mit Lake

100 g magerer Speck

100 g feine Zwiebelwürfel

250 ml Apfelsaft

250 g Schmand

250 ml Buttermilch

1 EL körniger Senf

1 Apfel

frische Kräuter (Petersilie, Dill, Schnittlauch)

200 g Neuzeller Schwarze oder andere feste Rotwurst

Frühlingszwiebelringe

Die Gurken in kleine Stücke schneiden. Die Speckwürfel auslassen, die Zwiebelwürfel darin glasig anschwitzen und anschließend beiseite stellen. Die Senfgurkenstücke im eigenen Fond und Apfelsaft etwa 5 Minuten durchköcheln lassen (sie sollten noch etwas bissfest sein).
Schmand und Buttermilch sowie den körnigen Senf zugeben und mit einem Pürierstab grob pürieren. Kurz vor dem Anrichten die fein gehackten Kräuter zugeben.
Die Suppe mit einer in Rapsöl gebratenen Apfelscheibe garnieren und den gebratenen Speck und die Zwiebeln darübergeben. Gekrönt wird das Ganze mit einer gebratenen Scheibe „Neuzeller Schwarze“ und Frühlingszwiebelringen.

Lausitzer Flöz (Heringssalat auf sorbische Art)

4 Salzheringsfilets

1 Zwiebel

4 Pfefferkörner

2 Gewürzkörner

1 Lorbeerblatt

Senf, mittelscharf

Lausitzer Leinöl

Salzheringsfilets in 2 cm lange Stücke schneiden. Zwiebel schälen und in Ringe schneiden. Die Heringsfilets in einen flachen Keramiktopf abwechselnd mit Zwiebelringen und Gewürzzutaten schichten. Jeweils mit einer Lage Senf abdecken. Auf dem ersten Lausitzer Flöz weitere Schichten aufbringen. Nach der letzten Lage mit reichlich Lausitzer Leinöl übergießen, bis alles bedeckt ist. Lausitzer Flöz **2 Tage** ziehen lassen.
Als Beilage passt herzhaftes Schwarzbrot.

Hechtklößchen

400 g Hecht

150 ml süße Sahne

1 Zwiebel

1 Zitrone

500 g Schmand

125 g Butter

3 Eigelb

100 ml Weißwein

Salz, weißer Pfeffer

Den Hecht enthäuten und entgräten. Anschließend das Fleisch in Streifen schneiden und zweimal durch die feinste Scheibe des Fleischwolfes drehen. Das Hechtfleisch mit Pfeffer und Salz würzen, mit der gut gekühlten Sahne nach und nach zu einer gebundenen Masse rühren und kaltstellen. Von der Hechthaut, den Gräten, Zwiebel- und Zitronenscheiben sowie 500 ml Wasser eine Brühe kochen und diese durchsieben. Mit Hilfe von zwei Esslöffeln aus dem Hechtfleisch längliche Klöße formen. Die Hechtklöße in der Brühe ca. **10 Minuten** ziehen, aber nicht kochen lassen. Danach herausnehmen.
Die Fischbrühe auf 1/8 Liter einkochen, Schmand zugeben, mit etwas Weißwein verrühren und in die Brühe geben. Das Ganze kurz aufkochen lassen. Zum Schluss die in kleine Stücke geschnittene Butter unterrühren. Das Eigelb mit etwas Weißwein verrühren und unter die Fischsoße geben.

Dazu passen Schmorgurken (siehe Seite 59) und Bärlauchkartoffeln (siehe Seite 75).

Sauerkraut selber hergestellt

2 kg Weiß- oder Spitzkohl

30 g Meersalz

Sauerkraut kann auch mit Spitzkohl und Rotkohl hergestellt werden. Je nach Geschmack können auch Gewürze zugegeben werden. Klassisch eignen sich Lorbeer, Piment, Wacholderbeeren, aber auch Chili und Ingwer ergeben ein besonderes Sauerkraut.
Je länger das Sauerkraut lagert, desto saurer wird es. Wer es eher mild mag sollte es daher nicht allzu lange ziehen lassen.

Die äußeren, nicht so schönen Blätter vom Kohl entfernen und den Kohl längs halbieren. Den Strunk herausschneiden und den Kohl mit dem Hobel oder mit dem Messer in möglichst feine Streifen hobeln bzw. schneiden. In eine Schüssel geben und das Salz darüber streuen. Den Kohl kräftig mit den Händen kneten und dabei das Salz gleichmäßig verteilen. Solange kneten, bis Saft aus dem Kohl austritt und der Kohl weichgeknetet ist. Den Kohl sehr fest in Bügel- oder Twist-off-Gläser füllen und den ausgetretenen Saft auf die Gläser verteilen.

Das Glas maximal 3 bis 4 cm unter dem Rand befüllen, damit Platz für den Gärprozess bleibt. Dafür ein zurechtgeschnittenes Kohlblatt in das Glas stecken und das Kraut damit abdecken. Dann ein umgekehrtes Schnapsglas auf das Kohlblatt stellen und das Glas verschließen, damit Druck auf das Kraut ausgeübt wird.

Die Gläser in eine große Schüssel stellen und bei Zimmertemperatur 1 Woche stehen lassen. In den ersten zwei Wochen möglichst täglich kurz öffnen um das entstandene Gas entweichen zu lassen. Nach insgesamt drei Wochen Lagerung ist das Sauerkraut verzehrfertig. An einem dunklen kühlen Ort gelagert ist es bis zu einem Jahr haltbar.

Buchweizenplinse

- *20 g Hefe*
- *500 ml Milch*
- *40 g Zucker*
- *1 Msp. Salz*
- *2 Eigelb*
- *1/2 TL abgeriebene Zitronenschale*
- *125 g Buchweizenmehl*
- *125 g Weizenmehl*
- *30 g Butter*
- *Zucker, Zimt*

Alle Zutaten warm stellen. Hefe in der Milch auflösen, mit Zucker, Salz, den Eigelb, Zitronenschale und dem gesiebten Mehl verrühren. Das Ganze **30 Minuten** gehen lassen. Teig nochmals gut durchrühren. Dann ein wenig Butter in einer Pfanne zerlassen und etwa eine Kelle des Teiges auf dem Pfannenboden verteilen. Bei mittlerer Hitze backen, bis der Rand goldbraun wird. Wenden und auf der anderen Seite in etwa **1 Minute** fertig backen. Mit Zimt und Zucker bestreuen. Mit dem restlichen Teig ebenso verfahren.

Übrigens:
Ein Plins ist ein flacher, in der Pfanne gebackener Eierkuchen.

Buchweizen & Plinsdörfer

„Plinsdörfer". Diesen Namen verdanken die Orte Weißag, Zwietow und Gosda in der Niederlausitz einer kulinarischen Spezialität: Seit mehr als 400 Jahren wird Buchweizen in der Region Heedekorn (Heidekorn) auf den nährstoffarmen Böden der Umgebung angebaut und in den Mühlen zu Grütze, Mehl und Schrot verarbeitet.
Die daraus hergestellten Speisen galten als Arme-Leute-Essen, bis sich Ausflügler Ende des 19. Jahrhunderts für die leckeren Plinsen begeistern konnten und in Scharen anreisten. Auch heute noch stehen sie auf vielen Speisekarten ansässiger Gaststätten. Zu bestimmten Anlässen oder bei Bestellung werden weitere Buchweizenspezialitäten serviert.
Vom 14. bis 20. Jahrhundert wurde Buchweizen in ganz Deutschland angebaut, aber später vom ertragreicheren Getreide verdrängt. Nur in wenigen Regionen Deutschlands hat diese alte Kulturpflanze überlebt. In der Niederlausitz ist der Buchweizen nie ganz verschwunden, da er geringe Ansprüche an den Nährstoffgehalt des Bodens stellt. Er benötigt kaum Dünger und keine Pflanzenschutzmittel. Von Juli bis September bieten unzählige Blüten Bienen und vielen Insekten reichlich Nahrung.

Hirsekraut

500 g Hirse
1 Weißkohlkopf
100 g Speck
4 Zwiebeln, 1 EL Schmalz
120 ml Milch
Salz, schwarzer Pfeffer
5 Gewürzkörner

Hirse waschen, Weißkohlkopf putzen, grob schneiden, kochen und abgießen. Speck und Zwiebeln schälen und ebenfalls würfeln. Schmalz in einer Pfanne oder in einem hohen Topf auslassen, dann Speck und Zwiebeln hinzugeben. Darauf im Wechsel die Hirse und den Weißkohl schichten. Milch mit Salz, Pfeffer und den Gewürzkörnern abschmecken und die Hirse-Weißkohl-Schichten übergießen, sodass die letzte Schicht gut damit bedeckt ist. Bei kleiner Hitze (ca. **100 °C**) für etwa **2 Stunden** im Backofen dünsten.

Kartoffelland – der „Alte Fritz“ und sein Erbe

Der Kartoffelkönig erlässt am 24. März 1756 seinen „Kartoffelbefehl"

Es waren die spanischen Entdecker, welche die heute von unserem Speiseplan nicht mehr wegzudenkende Kartoffel zusammen mit Tomaten, Bohnen, Paprika und Mais aus der Neuen Welt nach Europa brachten. Als die Kartoffel 1565 über Spanien nach Deutschland kam, erkannten die Meisten gar nicht die Bedeutung für die menschliche Ernährung. Wegen der schönen Blüte des Knollengewächses fand die Kartoffel insbesondere in botanischen Gärten ihren Platz. In der Küche fand die Kartoffel kaum Verwendung, da sie als ungenießbar, sogar als giftig galt.

Legendär in der Geschichte des europäischen Kartoffelanbaus ist das Engagement des Preußenkönigs Friedrich II. für die „tolle Knolle". Manchmal wird Friedrich II. auch „Kartoffelkönig" genannt.

Am 24. März 1756 erließ Friedrich II. den sogenannten „Kartoffelbefehl" mit dem Ziel: *„denen Herrschaften und Unterthanen den Nutzen von Anpflantzung dieses Erd Gewächses begreiflich zu machen, und denselben anzurathen, dass sie noch dieses Früh-Jahr die Pflantzung der Kartoffeln als einer sehr nahrhaften Speise unternehmen."*

Kartoffel, „... Wo nur ein leerer Platz zu finden ist, soll die Kartoffel angebaut werden, da diese Frucht nicht allein sehr nützlich zu gebrauchen, sondern auch dergestalt ergiebig ist, daß die darauf verwendete Mühe sehr gut belohnt wird. ..."

Den Vorbehalten der Bauern gegen das exotische Gewächs begegnete Friedrich mit einem Trick: Er ließ seine Soldaten Kartoffelfelder bewachen und das zeigte dann auch seine Wirkung. Denn wenn der König extra seine Soldaten zur Bewachung abstellte, dann musste die Kartoffel wertvoll sein, also wollten alle plötzlich die Kartoffel haben.

Die Verehrung und Begeisterung für Friedrich II. ist ungebrochen, noch heute legen Besucher auf seinem Grab in Sanssouci Kartoffelknollen ab.

Hübsche weiße Kartoffelblüten

Kartoffelsuppe Kaiser Wilhelm II.

300 g Rinderbrust
1 Markknochen
3 Zwiebeln
1 Lorbeerblatt
5 Pfefferkörner
3 Pimentkörner
1 Bd. Suppengrün
1 Pastinake
600 g Kartoffeln, mehlig kochend
100 g Rauchspeck (geräucherter Schinkenspeck)
1 Knoblauchzehe
1 EL Majoran
1 Bd. Petersilie
Muskat, Kümmel
Liebstöckelkraut
kräftiges Landbrot
scharfer Senf
Salz, Pfeffer

Die Rinderbrust mit dem Markknochen in Salzwasser aufsetzen, aufkochen, dann leicht köcheln lassen und den Schaum immer wieder abschöpfen, bis das Wasser klar bleibt. Anschließend eine grob zerteilte Zwiebel, Lorbeerblatt, Pfefferkörner, Piment hinzufügen. Nach **1 Stunde** das geputzte und gewürfelte Suppengemüse sowie die Pastinakenwurzel dazugeben. Kartoffeln schälen und würfeln. Die restlichen Zwiebeln schälen und wie den Speck würfeln. Ist die Rinderbrust gar, die Kartoffeln mit Salz aufsetzen. Die Rinderbrust aus der Brühe nehmen und in kleine Würfel schneiden. Die fast weich gekochten Kartoffelwürfel zu der Brühe geben und noch ziehen lassen. Den Speck anrösten, die Zwiebelwürfel und Knoblauch dazugeben und glasig schwitzen. Kurz vor dem Glasigwerden reichlich Majoran einstreuen und kurz mitrösten und in die Suppe geben. Die Suppe durchstampfen, dass sie schön sämig wird.
Die Rinderbrustwürfel hinzufügen. Ganz zum Schluss noch einmal würzig abschmecken. Gehackte Petersilie über die Suppe streuen. Muskat und Kümmel können wahlweise dazu gegeben werden.
Dazu gehört eine mit richtig scharfem Mostrich dick bestrichene Stulle.

Leineweber auf Brandenburger Art

- *750 g Kartoffelbrei*
- *3 Eier*
- *3 EL Mehl*
- *1 Prise Salz*
- *1 TL Backpulver*
- *Leinöl*

Aus allen Zutaten ohne Öl einen Teig rühren. In einer Pfanne etwas Leinöl erhitzen und mit einem Esslöffel etwas Teigbrei abstechen und im heißen Fett daraus Kartoffelplätzchen backen.
Zu den Leinewebern schmeckt Fruchtmus z.B. Apfelmus, Pflaumenmus oder auch eine Scheibe Schwarzbrot.

Übrigens:
Ein klassisches Bauerngericht, das mit den Wanderarbeitern aus dem Süden Deutschlands auch nach Brandenburg gekommen ist. Diese Kartoffelküchlein bereiteten sich früher die Textilarbeiter (Leineweber), die unter heute unvorstellbaren Bedingungen hart arbeiten mussten, als sättigende Mahlzeit zu. Wobei die Menge mit viel Brot nur für eine Person reichte!

Knusprige Kartoffelschalen (aus dem Not-Kochbuch meiner Großmutter)

Nach dem Krieg 1945 gab es nicht viel zu essen, aber trotzdem sollte es der Familie schmecken. Dieses Notgericht meiner Großmutter könnte heute wieder auf den Tisch kommen – nachhaltig und mit tollem Geschmack.

Kartoffelschalen von 4 großen Kartoffeln

Öl, Salz

Die Kartoffeln gründlich waschen, schälen, die Schalen mit der hellen Seite nach oben auf einem mit Backpapier ausgelegten Backblech verteilen (die Kartoffeln können anderweitig verbraucht werden). Die Kartoffelschalen mit etwas Öl beträufeln, dann Salz und Pfeffer drüberstreuen. Auf der mittleren Schiene für **15 bis 20 Minuten** in den auf **220 °C** vorgeheizten Ofen geben, bis sie knusprig sind (Garzeit kann je nach Ofen variieren). Dazu passt Kräuterquark.

Eine moderne Variante: Gefüllte Kartoffelschalen, überbacken

4 große Kartoffeln

125 g Kochschinken

2 Bd. Schnittlauch

75 g Butter, 1 Eigelb

200 g Erbsen (TK)

150 g geriebener Edamer

Salz, Pfeffer, Muskat

Die Kartoffeln gründlich waschen und anschließend kochen. Danach längs halbieren, bis auf einen 1 cm breiten Rand aushöhlen. Das Ausgehöhlte mit einer Gabel zerdrücken, Butter und Eigelb darunterziehen. Mit Salz, Pfeffer, Muskat abschmecken.

Schinken in feine Würfel schneiden und die Schnittlauchröllchen sowie die Erbsen unterheben. Die Masse dann in die Kartoffelhälften füllen, mit Käse bestreuen und im Backofen bei **220 °C 10 bis 15 Minuten** überbacken.

Knusprige Pilzpuffer

500 g Kartoffeln

250 g frische Pilze, z. B. Champignons, Pfifferlinge

1 Zwiebel

frische Kräuter nach Geschmack (Petersilie, Schnittlauch, etc.)

1 EL Mehl, 1 Ei

Salz, Pfeffer, Rapsöl zum Braten

Kartoffeln schälen und reiben. Die Pilze putzen und mit einem Wiegemesser fein wiegen oder in feine Streifen schneiden. Zwiebel pellen und in feine Würfel schneiden. Teig mit Salz und Pfeffer würzen. Die fein gehackten Kräuter unterheben und alles mit Mehl und Ei vermengen. Öl in einer Pfanne erhitzen und den Teig löffelweise hineingeben und breitdrücken, von beiden Seiten knusprig braten. Dazu passt ein frischer Salat.

Kartoffelsalat aus dem Ofen

400 g kleine Kartoffeln (Drillinge)

500 g Rosenkohl, 80 g Quinoa

1 rote Zwiebel, Salz, Pfeffer

Für die Marinade:

6 EL Senf

3 EL Balsamico-Essig

3 EL Honig, 1 EL Rapsöl

Senf, Essig, Honig und Öl in eine große Schüssel geben und verrühren. Saubere Kartoffeln und Rosenkohl halbieren. Die Zwiebel schälen und in grobe Stücke schneiden. Alles in die Marinade geben und gut miteinander vermengen. Das Gemüse in eine Auflaufform geben und bei **180 °C** backen, bis die Kartoffeln weich sind. Zwischendurch immer mal wieder umrühren. Quinoa mit der eineinhalbfachen Menge Wasser ca. **15 Minuten** kochen, bis er weich ist. Danach in die Schüssel geben. Das gebackene Gemüse aus dem Ofen holen, zurück in die Schüssel geben und mit dem Quinoa gut vermengen, abschmecken und noch warm servieren.

Leichter Joghurt-Kartoffelsalat mit Apfel und Ei

500 g Kartoffeln, festkochend

2 Eier, 1 Apfel

4 Gewürzgurken

3 Lauchzwiebeln

Für das Dressing:

200 g Joghurt (0,5 % Fettgehalt)

2 EL Apfelessig, 2 EL Zitronensaft

2 EL Schnittlauchröllchen

2 TL Rapsöl, Salz, Pfeffer

Kartoffeln mit Schale kochen, pellen, abkühlen lassen und in Scheiben schneiden.

Die Eier hart kochen und anschließend würfeln. Den Apfel waschen, das Kerngehäuse entfernen und in kleine Würfel schneiden.

Lauch- oder Frühlingszwiebeln und Gewürzgurken klein schneiden. Danach alle Zutaten miteinander vermengen.

Für das Dressing Joghurt mit Öl, Zitronensaft, Essig, Schnittlauch, Salz und Pfeffer anrühren.

Das Dressing über den Salat geben und vorsichtig unterheben. Mindestens **1 Stunde** durchziehen lassen.

Am besten schmeckt der Kartoffelsalat, wenn er am Vortag zubereitet wird.

Knuspriger Klassiker – Kleine Geschichte der Bratkartoffel

In der Küche muss es nicht immer exotisch sein – zahlreiche traditionelle Kartoffelgerichte haben nach wie vor viele begeisterte Fans, zum Beispiel die klassische Bratkartoffel.

Ob mit Butter oder Fett, mit Speck oder Zwiebel, sie gehört mit Sicherheit nach wie vor zu den Leibgerichten der Brandenburger. Wer zum ersten Mal auf die Idee kam, kleine Kartoffelscheiben in Fett anzubraten, lässt sich nicht mehr nachvollziehen. Es kursieren jedoch zahlreiche Legenden über angebliche Erfinder oder Erfinderinnen der Bratkartoffel.

So soll zum Beispiel eine Wiener Hausfrau namens Henriette Josefa Braths im Jahr 1907 ein Rezept für geröstete Kartoffeln beim Kochwettbewerb einer Zeitschrift eingereicht haben. Wie es heißt, war der zuständige Redakteur davon so begeistert, dass er das Rezept gleich nach der Autorin benannte: Brathskartoffel. Der Komiker Heinz Erhardt dagegen mutmaßte, die gebratenen Kartoffeln wären eine Erfindung des preußischen Kartoffel-Königs Friedrich des Großen und reimte: „Drum heißen sie, das ist kein Witz – Pommes Fritz".

Auch wenn das alles wohl nur Legende ist, ist jedoch sicher, dass Bratkartoffeln schon bei der berühmtesten Kochbuch-Autorin des 19. Jahrhunderts, Henriette Davidis, Erwähnung finden. In ihrem „Praktischen Kochbuch", das damals zur Grundausstattung vieler deutscher Haushalte gehörte, empfiehlt sie: *„Bratkartoffeln sind stets am besten von frisch gekochten Pellkartoffeln, die bis zum Braten heiß gehalten werden. Doch kann man auch übrig gebliebene Salz- oder Pellkartoffeln verwenden".*

Sprichwörtlich waren die sogenannten „Bratkartoffelverhältnisse" der Nachkriegsjahre. Damals gab es zahlreiche heimkehrende Soldaten, die sich bei verwitweten Frauen einquartierten. Offiziell wurden diese Beziehungen als Mietverhältnisse deklariert, damit die Witwen ihren Anspruch auf die Witwenrente nicht aufgeben mussten. Die Männer erhielten nicht nur Wohnraum, sondern wurden auch mit warmen Mahlzeiten versorgt. Und weil dabei wohl oft Bratkartoffeln auf den Tisch kamen, wurde das „Bratkartoffelverhältnis" zum Synonym für eine lockere Zweierbeziehung.

Bratkartoffeln

1 kg festkochende Kartoffeln

2 Zwiebeln

2 EL Rapsöl

50 g geräucherter durchwachsener Speck

Salz, Pfeffer

Kartoffeln schälen und in dünne Scheiben schneiden. Die Zwiebeln pellen und in Würfel schneiden. Den Speck in einer großen Pfanne knusprig braten. Aus der Pfanne nehmen und auf Küchenpapier abtropfen lassen. Zu dem Fett vom Speck noch etwas Öl in der Pfanne erhitzen. Dann die Kartoffelscheiben darin bei großer Hitze von der ersten Seite anbraten. Darauf achten, dass sich die Scheiben, wenn möglich nicht überlappen, eventuell zwei Pfannen benutzen. Die Scheiben erst wenden, wenn sie auf der einen Seite kross sind. Sind beide Seiten gut gebräunt, die Zwiebeln hinzugeben. Einige Minuten bei hoher Hitze braten und gelegentlich wenden. Nach ca. **5 Minuten**, wenn die Zwiebeln goldgelb und weich sind, die Speckwürfel unterheben, mit Salz und Pfeffer kräftig würzen.

Buttermilch-Stampfkartoffeln

800 g Kartoffeln

250 ml Buttermilch

Salz, Pfeffer, Muskat

Kartoffeln schälen, waschen und in Salzwasser weichkochen. Kartoffeln abgießen. Buttermilch zufügen. Alles fein zerstampfen. Mit Salz, weißem Pfeffer und Muskat abschmecken.

Bärlauchkartoffeln

1 kg kleine Kartoffeln (Drillinge)

1/2 Bd. Bärlauch

2 EL Butter

2 EL Rapsöl

Salz, Pfeffer

Die Kartoffeln waschen und in Salzwasser kochen. Bärlauch grob hacken. Die Kartoffeln abgießen und längs halbieren, in einer Pfanne mit Öl und Butter gut anbraten. Mit Salz und Pfeffer würzen. Kurz vor Schluss den Bärlauch unterheben.

Fischers Fritze fischt frische Fische –

Fischland Brandenburg

Fischland Brandenburg

Mit 3000 Seen und 30000 Kilometern Fließgewässer ist Brandenburg das gewässerreichste Bundesland in Deutschland. Hinzu kommen unzählige Moore und der sprichwörtliche märkische Sumpf und Sand.

Zwischen Elbe und Oder, Spree und Havel hat der Fischfang eine lange Tradition. Hier gibt es sie noch, die vielleicht letzten Berufsfischer an Seen und Flüssen in Deutschland, die mit Leidenschaft und Ideen frisch geräucherte Spezialitäten und lokale Besonderheiten wie z.B. Oder-Quappen oder Maränen direkt vor Ort anbieten. Die meisten von ihnen sind Idealisten, die trotz schwieriger Bedingungen ihren Beruf lieben und allen Widerständen trotzen.

In märkischen Gewässern leben etwa 60 verschiedene Fischarten. Am weitesten verbreitet sind Plötze, Hecht und Barsch. Seit einiger Zeit sind auch ein paar Raritäten wieder gesichtet worden: Donau- und Goldsteinbeißer, Baltische Groppe oder Schneider. Neben Lachs und Meerforelle tauchten einzelne Arten von Nase und Maifisch wieder auf. In Brandenburg ist immer noch der Aal der wichtigste Wirtschaftsfisch. An zweiter Stelle steht der Hecht, dahinter der Zander. In einigen Seen spielt auch die Kleine Maräne eine bedeutende Rolle. Ein großer Teil der Brandenburger Fische stammt mittlerweile aus der Aquakultur: Fische werden dann unter Aufsicht in Teichen, Becken oder geschlossenen Kreisläufen herangezogen. In der Lausitz hat sich unter anderem die Karpfenteichwirtschaft etabliert.

Weiße Meerrettichsuppe mit Fischerschinken

400 g frischer Meerrettich
3 EL Zwiebelwürfel
1 EL Butter
100 ml trockener Weißwein
500 ml Gemüsefond, wenig gesalzen
250 g Sahne
2 EL Kartoffelstärke
Salz, weißer Pfeffer
100 g Fischerschinken

Den Meerrettich schälen und reiben. Zwiebelwürfel in der Butter leicht anschwitzen, mit Wein ablöschen. Meerrettich und den Gemüsefond zugeben und bei mittlerer Hitze **15 Minuten** köcheln lassen. Sahne unterrühren. Mit Stärke abbinden. Mit Pfeffer und Salz abschmecken.
Beim Anrichten den Fischerschinken auf die Suppe geben.

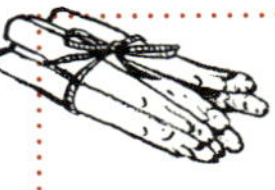

Statt Fischerschinken passt auch geräuchertes Forellenfilet.

Übrigens:
Fischerschinken ist das kaltgeräucherte Filet eines Großkarpfens, dazu wird meistens Marmorkarpfen verwendet. Viele Fischer in Brandenburg bieten die Spezialität zum Verkauf an.

Weiße Fischsuppe nach Art der Oder-Schiffer

400 g verschiedene Fischfilets, z. B. Lachsforelle, Zander, Hecht
5 Pfefferkörner
1 Lorbeerblatt
40 g Butter
30 g Mehl
200 g Sahne
1/2 Zitrone
50 g geriebener Meerrettich
1 Zweig Dill
Salz, Pfeffer

Die Fischfilets waschen und mit Pfefferkörnern sowie dem Lorbeerblatt in 1 Liter Salzwasser bei kleiner Hitze **15 Minuten** köcheln lassen. Je nach persönlichem Geschmack kann etwas frisches, in feine Streifen geschnittenes Gemüse nach ca. **5 Minuten** mitgekocht werden.
Die Fischfilets und das Gemüse herausnehmen. Fischbrühe durch ein Sieb gießen.
Butter erhitzen und das Mehl darin andünsten. Fischbrühe hinzufügen und aufkochen lassen.
Die Fischfilets in Stücke schneiden. Sahne halbsteif schlagen und mit dem Meerrettich unter die Suppe ziehen. Mit Zitronensaft, Weißwein und Salz abschmecken.
Fischfilets und das Gemüse in die Suppe geben. Mit abgezupftem Dill garnieren.

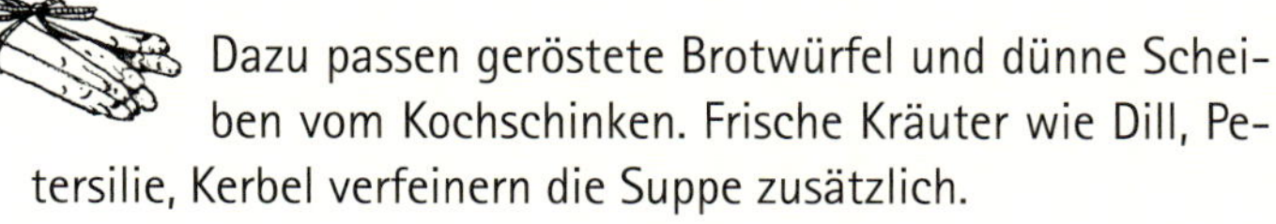

Dazu passen geröstete Brotwürfel und dünne Scheiben vom Kochschinken. Frische Kräuter wie Dill, Petersilie, Kerbel verfeinern die Suppe zusätzlich.

Brandenburger Bierbratkarpfen

500 g Karpfenfilet

Salz, Pfeffer

2 TL Senf

2 TL Mehl

Rapsöl

300 g Zwiebeln

400 g Gewürzgurken

Für die Marinade:

40 g Zucker

250 ml Apfelessig

500 ml Brandenburger Bier (am besten helles)

je 1/2 TL Rosmarin und Thymian

5 Wacholderbeeren

2 Lorbeerblätter

5 Pfefferkörner

Den Fisch waschen, trocken tupfen, mit Salz und Pfeffer aus der Mühle würzen, ordentlich mit Senf einstreichen. In Mehl wälzen und anschließend in einer Pfanne von beiden Seiten anbraten. Dann aus der Pfanne nehmen und zur Seite stellen.

Die Zwiebeln schälen, in Ringe schneiden. Gewürzgurken abgießen, die Flüssigkeit auffangen. Die Gurken längs vierteln, beides zur Seite stellen.

Für die Marinade 250 ml Wasser mit Zucker, Apfelessig, Bier, Rosmarin, Thymian, Wacholderbeeren, Lorbeerblättern, Pfefferkörnern und etwas Gurkenflüssigkeit in einem Topf aufkochen, die Zwiebeln dazugeben und etwa **10 Minuten** kochen lassen.

Das vorbereitete Karpfenfilet in den Gewürzsud geben, die Gewürzgurken hinzugeben und mindestens **12 Stunden** durchziehen lassen. Dazu passen am besten Zwiebelbratkartoffeln und ein grüner Salat. Das Bier gibt dem Gericht eine besonders würzige Note. Die Marinade kann mit anderen Gewürzen wie Senfsaat, Piment, aber auch mit frischem Knoblauch, Chili oder Ingwer abgewandelt werden.

Nicht nur Karpfenfilet lässt sich auf diese Weise zubereiten, Forelle, Zander, Wels und Weißfische wie Plötze oder Blei lassen sich ebenfalls so zubereiten.

Hecht in Spreewaldsauce – Arme Leute-Festtagsessen

1,5 kg Hechtfilet

Salz, Pfeffer

Petersilie, Dill

Für die Sauce:

1 Bd. Suppengrün

2 Zwiebeln

5 Pfefferkörner

2 Lorbeerblätter

8 Pimentkörner

125 ml Buttermilch

125 ml Sahne (30 % Fett)

2 EL Mehl

500 ml helles Bier

100 g Butter, Salz

Das Suppengrün kleinschneiden und mit den Zwiebelscheiben und den Gewürzen in 2 Liter Wasser aufsetzen. Ca. **10 Minuten** kochen lassen. Inzwischen den vorbereiteten Hecht in Portionsstücke teilen, in den Sud geben und auf kleiner Flamme garen.

Von der Spreewaldsauce 1/2 Liter Sud abnehmen, Buttermilch und Sahne darin verquirlen und mit Mehl andicken. Das Bier hinzufügen, alles kurz aufkochen lassen. Die Butter unterrühren und mit Salz abschmecken.

Die Hechtstücke auf eine Platte geben, mit der Sauce übergießen und mit gehackter Petersilie und Dill bestreuen.

Dazu Kartoffeln in einer Schüssel mit viel Petersilie und Dill bestreut servieren, die Sauce kommt auf einen tiefen Teller, darauf noch zerlassene Butter geben. Das Gericht wird nur mit dem Löffel gegessen.

Fischstäbchen vom Wels

800 g Welsfilet ohne Haut

Zitronensaft

Salz, Pfeffer

4 EL Mehl, 2 Eier

4 EL Semmelbrösel

Rapsöl, Dill

Für den Rahmgurkensalat:

1 Salatgurke

100 ml Sauerrahm

1 Knoblauchzehe

Weißweinessig

Pfeffer

1 Bund Dill

Salatgurke schälen und der Länge nach mit einem Sparschäler in Streifen schälen. Gurkenstreifen etwas salzen. Sauerrahm, gehackte Knoblauchzehe und etwas Zitronensaft hinzufügen, gut vermischen. Mit Essig und Pfeffer abschmecken. Dill schneiden und untermengen.

Das Welsfilet in fingerdicke Streifen schneiden, mit Zitronensaft marinieren. Mit Salz und Pfeffer würzen. In Mehl, Ei und Semmelbrösel panieren und goldbraun braten.

Rahmgurken mit Hilfe einer Gabel auf Teller aufrollen und die Fischstäbchen darauf anrichten, mit Dill garnieren.

Zanderfilet in Senfsauce

- *800 g Zanderfilet*
- *3 EL Zitronensaft*
- *3 EL Rapsöl*
- *25 g Butter*
- *25 g Mehl*
- *250 ml Gemüsebrühe*
- *250 ml Milch*
- *2 EL Senf mittelscharf*
- *1 Prise Zucker*
- *1/2 Bd. Petersilie*
- *Salz, Pfeffer*

Zanderfilet abspülen, trocken tupfen, in 8 Stücke schneiden. Mit Salz, Pfeffer und Zitronensaft würzen und zugedeckt ca. **20 Minuten** beiseite stellen.
Für die Sauce die Butter schmelzen, Mehl darin unter Rühren ca. **1 Minute** anschwitzen. Brühe und Milch unter ständigem Rühren zufügen, aufkochen lassen. Senf unterrühren. Mit Salz und Pfeffer würzen, etwas einkochen lassen.
Inzwischen Fischfilets im erhitzten Öl von jeder Seite ca. **5 Minuten** braten.
Fisch mit der Sauce überziehen und zu Salzkartoffeln und einem knackigen Salat oder feinem Sommergemüse servieren.

Bücklings-Pfannkuchen

4 Eier

1 TL Salz

150 g Mehl

250 ml Milch

4 Bücklinge

4 TL Butter

1 Bund Schnittlauch

Eier mit Salz, Mehl und Milch zu einem glatten Teig verquirlen. Die Bücklinge filetieren, dabei sorgfältig Haut und Gräten entfernen. Jeweils 1 TL Butter in eine Pfanne geben und aufschäumen lassen. Dann 1/4 des Teiges hineingeben und je zwei Bücklingsfilets hineinlegen. Die Pfannkuchen noch einmal wenden. Zum Anrichten mit Schnittlauchröllchen (oder Dill) bestreuen.

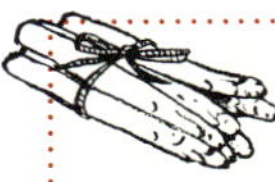

Schmeckt auch mit Lachs zu einem pikanten Dip.

Übrigens:

Bückling auch "Bücking" oder "Pökling" genannt, ist ein bei über **60 °C** geräucherter, also heißgeräucherter Hering mit Kopf. Ob er zuvor gesalzen wird oder nicht, ist regional verschieden.

Der Klassiker unter den Räucherfischen ist der Bückling. Da er komplett im Ganzen geräuchert wird, verbirgt er bis zu seinem Verzehr ein kulinarisches Geheimnis in seinem Bauch. Milch oder Rogen ist dann die Frage.

Speckforellen

4 küchenfertige Forellen à 200 g

Saft von 1 Zitrone

1 TL Salz

1 Knoblauchzehe

4 TL Dillspitzen

4 TL gehackte Petersilie

100 g Frischkäse (Doppelrahmstufe)

2 EL Milch

100 g durchwachsener Speck, in sehr dünnen Scheiben

2 Zwiebeln

1 EL Butter

100 ml Geflügelbrühe

1 Zweig Rosmarin

Den Backofen auf **220 °C** vorheizen. Die Forellen unter fließendem kaltem Wasser waschen. Zitronensaft mit Salz mischen und die Fische von allen Seiten damit einreiben. Die Fische zugedeckt ca. **20 Minuten** in den Kühlschrank stellen.

Die Knoblauchzehe schälen und sehr fein hacken. Den Knoblauch mit dem Dill, der Petersilie, dem Frischkäse und der Milch verrühren und in die Bauchhöhlen der Fische streichen.

Jede Forelle mit etwa 3 Scheiben Speck umwickeln. Die Fische nebeneinander in eine ofenfeste Form legen und auf der mittleren Schiene im Backofen bei **180 °C** etwa **30 Minuten** garen. Die Zwiebeln schälen, fein hacken und in der Butter glasig braten. Die Geflügelbrühe und den kleingeschnittenen Rosmarin zugeben, **5 Minuten** leicht kochen lassen und diesen Sud **10 Minuten** vor Ende der Garzeit auf die Forellen gießen.

Aal grün in Dillsoße

- *750 g frischer Aal*
- *2 EL Essig*
- *5 Pfefferkörner*
- *1 Lorbeerblatt*
- *40 g Butter*
- *40 g Mehl*
- *Saft von 1 Zitrone*
- *1 Eigelb*
- *1 Bd. Dill*
- *Salz, weißer Pfeffer*

Ausgenommenen und gehäuteten Aal waschen und in 4 bis 6 gleichmäßige Stücke schneiden. 500 ml Wasser mit Essig, Salz und Gewürzen zum Kochen bringen. Den Aal **20 Minuten** darin ziehen lassen und herausnehmen.
Den Sud durch ein Sieb gießen. Aus Butter und Mehl eine Mehlschwitze herstellen, mit der durchgesiebten Fischbrühe auffüllen, **5 Minuten** sieden lassen. Soße mit Pfeffer, Salz und Zitronensaft abschmecken. Dill fein hacken und hineinrühren, die Aalstücke darin erhitzen. Etwas Soße abschöpfen, mit dem Eigelb verrühren und das Gericht damit binden. In einer flachen Schüssel servieren. Mit Petersilienkartoffeln und Gurkensalat servieren.

Aalgreifen beim Friedländer Sommerfest

Die einfachste und älteste Methode ist wohl der Aalfang mit der bloßen Hand. Noch vor ca. 50 Jahren konnte man auf diese einfache Weise gute Aale mit einem speziellen Griff in knietiefem Wasser fangen. Voraussetzung war natürlich, der entsprechende Unterschlupf musste bekannt und zugänglich sein. Insbesondere Kinder fingen damals regelmäßig, z. B. im Unterlauf alter Wassermühlen, während des sommerlichen Treibens beachtliche Exemplare, die sich tagsüber zahlreich unter den ausgespülten Feldsteinmauern oder unter Steinen versteckt hatten. Dieses Aalgreifen mit bloßer Hand ist heute nahezu aussichtslos, denn es ist aus Tierschutzgründen selbstverständlich verboten. In den 1960er bis in die 1970er Jahre war es jedoch ein Spaß beim jährlichen Sommerfest in Brandenburg. Aale waren ein besonderer Luxus und so versuchten sich einige beim »Aalgreifen«. In Friedland z. B. wurde es den Teilnehmern besonders schwierig gemacht. Die Aale schwammen in einem großen Bottich, in dem das Wasser mit Sand noch zusätzlich getrübt wurde. Die Mutigen, die den Versuch wagten, mussten mit einem klapprigen Fahrrad am Bottich vorbeifahrend den Aal mit einer Hand greifen und anschließend noch drei bis vier Meter mit Aal und Fahrrad ins Ziel kommen. Die Siegerprämie war der gefangene Aal. Noch immer wird die Geschichte von dem Aalgreifer erzählt, der das Gleichgewicht verlor und selbst in den Bottich gefallen ist. Für diese unfreiwillige Showeinlage wurde er mit drei Aalen belohnt.

Fischbouletten

300 g Kartoffeln
100 g Möhren
300 g Fischfilet von Weißfisch
1 Brötchen, vom Vortag
100 ml Milch
1 Ei
1 EL Senf
1 Bd. Dill
Salz, Pfeffer
Rapsöl zum Braten

Kartoffeln und Möhren schälen und bissfest kochen. Brötchen in Milch einweichen und ausdrücken.
Kartoffeln und Möhren abkühlen lassen. Fischfilet, Kartoffeln, Möhren und Brötchen durch einen Fleischwolf geben. Die Masse mit fein gehacktem Dill, Salz, Pfeffer und Senf würzen. Das Ei unterrühren. Bouletten formen und braten.

Übrigens:
Weißfisch ist ein Begriff aus der Angler-, Fischer- und Küchensprache. Das sind ganz konkret weiß-silbrig glänzende Karpfenfische mit delikatem Eigengeschmack. Brandenburger Weißfische sind u.a. Blei, Plötze, Rotfeder, Güster und Co. Diese Fische schmecken überaus lecker, das Einzige, was den Genuss von Weißfischen schmälert, sind die Gräten. Um die kleinen Gräten unschädlich zu machen, einfach die Fische durch den Fleischwolf drehen.

Sommerfrische & Landpartie

Königliche Sommerfrische im Schloss „Still-im-Land"

In Paretz, in der abgeschiedenen Idylle der friedlichen Havellandschaft genossen Königin Luise und ihre Familie alljährlich die Sommermonate. Fernab höfischer Etikette, fern vom Prunk der preußischen Residenzstadt Berlin genossen sie hier ein bürgerliches Familienleben, das in einer Zeit tiefgreifender Veränderungen Vorbild für eine ganze Generation sein sollte.

Schloss und Dorf Paretz wurden von 1797 bis 1804 von David Gilly als Sommerresidenz für den Kronprinzen Friedrich Wilhelm (III.) und seine Gemahlin Luise planmäßig angelegt und mit hohem ästhetischem Anspruch ausgeführt. Als Musterbeispiel der preußischen Landbaukunst um 1800 erfüllte es sowohl den Wunsch nach einem königlichen Landsitz als auch die Anforderungen an ein funktionierendes Bauerndorf. Zudem fügte es sich harmonisch in die weite Landschaft an der Havel ein.

Fontane schrieb in seinen Wanderungen durch die Mark Brandenburg: *„In diesem also umgeschaffenen Paretz, das bei Freunden und Eingeweihten alsbald den schönen Namen »Schloß Still-im-Land« empfing, erblühten dem Königspaare Tage glücklichsten Familienlebens. Die Familie und die Stille waren der Zauber von Paretz.*

Diesen Zauber empfand die Königin, die wir gewohnt sind uns neben dem einsilbigen Gemahl als das gesprächigere, den Zerstreuungen zugeneigtere Element zu denken, fast noch lebhafter als dieser. Sie selbst äußerte sich darüber: »Ich muß den Saiten meines Gemüts jeden Tag einige Stunden Ruhe gönnen, um sie gleichsam wieder aufzuziehen, damit sie den rechten Ton und Anklang behalten. Am besten gelingt mir dies in der Einsamkeit; aber nicht im Zimmer, sondern in den stillen Schatten der Natur. Unterlaß ich das, so fühl ich mich verstimmt. O welch ein Segen liegt doch im abgeschlossenen Umgange mit uns selbst!"

Mit seinem Feuilleton über Paretz und Königin Luise löste Fontane einen Ansturm aus – Paretz wurde zu einem beliebten Ausflugsort mit zehn Gastwirtschaften.

Seit 2001 kann man das kleine Schloss Paretz wieder in seiner ursprünglichen Schönheit mit samt seinen berühmten Papiertapeten besichtigen. Paretz ist heute ein Ortsteil der Stadt Ketzin/Havel. Es ist mit seiner unberührten Natur und seiner vielfältigen Tierwelt ein reizvolles Ausflugsziel in Brandenburg und lädt zu ausgedehnten Spaziergängen, Wander-, Rad- oder Bootstouren auf der Havel ein. Und dazu gehört natürlich ein zünftiges Picknick.

Foto S. 88 oben: Kulturcafé „Barocco" in der Orangerie vom Klostergarten Neuzelle

Bärlauchpesto

30 g Sonnenblumenkerne
20 g Erdnüsse
100 g Rucola
50 g Bärlauch
125 ml Rapsöl
30 g mittelscharfer Senf
Salz, Pfeffer

Die Sonnenblumenkerne leicht anrösten, erkalten lassen. In der Zwischenzeit Rauke und Bärlauch waschen und kleinschneiden. Die abgekühlten Sonnenblumenkerne zusammen mit den restlichen Zutaten mit einem Mixstab pürieren. Das Ganze mit Salz und Pfeffer abschmecken.

Die Konsistenz des Pestos kann durch Zugabe von weiterem Öl verändert werden.
Bärlauch steht nur kurze Zeit im Jahr, meistens Anfang Mai, zur Verfügung. Sie können auch ein Rauke-Pesto herstellen. Außerdem eignen sich viele grüne Zutaten für ein Pesto: Spinatblätter, Feldsalat, Wildkräuter.

Kaltes Gurkensüppchen mit Buttermilch

- *1 Gurke*
- *150 ml Buttermilch*
- *150 g Joghurt*
- *1 Bd. Dill*
- *Zitrone*
- *Salz, Pfeffer*

Gurke waschen, längs halbieren und die Kerne mit einem Teelöffel herauskratzen. Raspeln oder in kleine Stücke schneiden. Mit Buttermilch und Joghurt und gehacktem Dill vermischen. Alles fein mixen. Mit Salz, Pfeffer und Zitronensaft würzen. Im Kühlschrank gut kühlen.
Eine erfrischende Suppe bei warmen Temperaturen. Mitgenommen in der Kühltasche z. B. in einem Weck Glas, ein Picknick Genuss.

Meerrettich-Gurken-Salat

- *1/2 frischer Spreewälder Meerrettich*
- *2 kg Gurken*
- *3 große Zwiebeln*
- *150 g Zucker*
- *150 ml Essig (10 %)*
- *3 TL Salz, 1/2 TL weißer Pfeffer*
- *1/2 TL Senfkörner*
- *3 Zweige Dill*

Meerrettich, Gurken und Zwiebeln schälen und in dünne Scheiben schneiden. Gurkenscheiben, Meerrettich und Zwiebelscheiben schichtweise in eine Schüssel geben. Zucker, Essig, Salz, Pfeffer obenauf geben. **1 Tag** ziehen lassen.

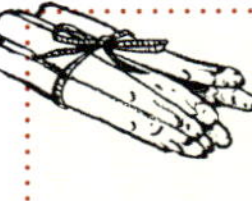

Das ist der schärfste Gurkensalat Brandenburgs, der auch hervorragend zu gebratenen Fischgerichten schmeckt.

Kirschglühbier – eine Winterspezialität

- *1 l Neuzeller Kirschbier*
- *250 ml Kirschsaft*
- *500 ml l Rotwein, trocken*
- *100 g entsteinte Schattenmorellen (frisch oder TK)*
- *2 EL Honig*
- *1 unbehandelte Orange*
- *Zucker, Zimt, Sternanis, Muskat*

Die geschälte Orange in Scheiben schneiden, zusammen mit den Kirschen, Honig, Bier, Rotwein und Kirschsaft in einem Topf zum Sieden bringen – nicht kochen! Nach Belieben und persönlichem Geschmack mit den Gewürzen und Zucker abschmecken.

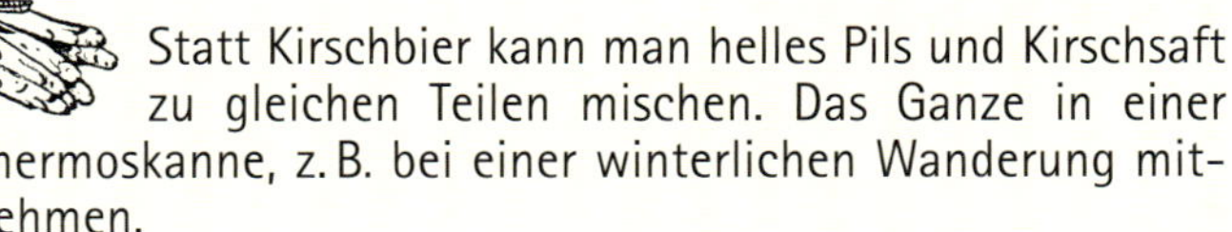

Statt Kirschbier kann man helles Pils und Kirschsaft zu gleichen Teilen mischen. Das Ganze in einer Thermoskanne, z. B. bei einer winterlichen Wanderung mitnehmen.

Picknickbrot – Focaccia auf Brandenburger Art

20 g Hefe, 250 g Mehl

1/2 TL Salz, Olivenöl

einige Zweige mediterrane Kräuter, z. B. Rosmarin, Thymian usw.

50 g Biertreber

Die Hefe in 150 ml warmem Wasser auflösen. Mehl, Salz, etwa 3 EL Olivenöl und kleingehackte Kräuter mit dem Knethaken am Mixer kneten, bis sich der Teig vom Schüsselrand löst. Zudecken und bei etwa **30 °C** eine **halbe bis dreiviertel Stunde** gehen lassen. Die Hälfte der Kräuter fein hacken.

Den fluffigen Teig mit der Hand gut durchkneten und auf ein Backblech legen und auf etwa 20 cm x 30 cm ausrollen, aber nicht zu flach, er sollte ungefähr 1 cm dick sein. Mit dem Finger in regelmäßigen Abständen Löcher eindrücken, aber nicht durchdrücken! Zudecken und nochmals **15 Minuten** gehen lassen.

Mit 4 bis 5 EL Öl beträufeln, Kräuterzweige darauf verteilen, evtl. Oliven oder getrocknete Tomaten drauflegen. Bei **175 °C** Umluft etwa **15 Minuten** backen lassen. Um das Focaccia etwas knuspriger werden zu lassen, kann man eine kleine feuerfeste Schüssel mit Wasser in den Ofen stellen. Am besten schmeckt Focaccia lauwarm!

Das Brot kann auch ohne Biertreber hergestellt werden. In dem Fall 300 g Mehl verwenden.

Linsenbouletten-Schrippen mit Dip

250 g Linsen

1 Knoblauchzehe

1 rote Paprika, 2 Eier

100 g Haferflocken

4 Brötchen (brandenburgisch: Schrippen)

Salz, Pfeffer, Kurkuma, Kreuzkümmel – nach Geschmack

Rapsöl zum Braten

100 g Ziegenfrischkäse

100 g Schmand

frische Kräuter (Schnittlauch, Petersilie)

Die gekochten Linsen zur Hälfte pürieren, mit gehacktem Knoblauch, feinen Paprikawürfeln, den Eiern und Haferflocken vermengen. Die übrigen Linsen zugeben und die Masse nach Geschmack würzen. Bouletten formen und im Rapsöl langsam goldgelb braten.

Ziegenfrischkäse und Schmand verrühren. Die aufgeschnittenen Schrippen mit dem Ziegenfrischkäse-Dip bestreichen, Frische gehackte Kräuter darüber streuen, die Linsen-Bouletten darauf legen und zusammenklappen.

Müsli-Kekse

- *2 Äpfel*
- *1 EL Zitronensaft*
- *120 g getrocknete Aprikosen*
- *100 ml Milch, 100 ml Rapsöl*
- *270 g Dinkelvollkornmehl*
- *180 g Haferflocken*
- *1 Prise Salz*

Die Äpfel schälen und raspeln, mit dem Zitronensaft beträufeln. Die Aprikosen sehr fein hacken und dazugeben. Ofen auf **180 °C** Ober- und Unterhitze vorheizen. Milch und Öl vermischen. Mehl, Haferflocken, Salz und eventuell Gewürze in eine Schüssel geben. Die Früchte sowie die Milch-Öl-Mischung unterrühren. Der Teig soll eher feucht sein. Sollte er extrem nass sein, kann man noch 1 EL Mehl zugeben. Mit den Händen kleine Kugeln formen, mit Abstand auf ein mit Backpapier belegtes Blech legen und die Kugeln zu Keksen plattdrücken. Je dünner der Teig, desto knuspriger werden die Kekse. Kekse ca. **20 Minuten** backen. Sie bleiben eher weich.

Verfeinern Sie die Kekse mit Walnüssen oder mit Gewürzen zum Beispiel Zimt oder Kardamom.

Rezeptverzeichnis